名家文化讲堂

MINGJIAWENHUA JIANGTANG

来新夏 / 著

书之传承

时间里的图书史

指穷于为薪，火传也，不知其尽也。

——曹丕《庄子·养生主》

天津出版传媒集团
天津教育出版社
TIANJIN EDUCATION PRESS

图书在版编目(CIP)数据

书之传承 / 来新夏著. —天津：天津教育出版社,2013.4
(名家文化讲堂)
ISBN 978-7-5309-7349-3

Ⅰ.①书… Ⅱ.①来… Ⅲ.①图书史—研究—中国 Ⅳ.①G256.1

中国版本图书馆 CIP 数据核字(2013)第 069859 号

书之传承 时间里的图书史

出版人	胡振泰
作者	来新夏
选题策划	田昕
责任编辑	袁颖
装帧设计	郭亚非
出版发行	天津出版传媒集团 天津教育出版社 天津市和平区西康路 35 号 邮政编码 300051 http://www.tjeph.com.cn
印刷	唐山天意印刷有限责任公司
版次	2013 年 5 月第 1 版
印次	2013 年 5 月第 1 次印刷
规格	32 开(880×1230)
字数	110 千字
插页	2
印张	7.125
定价	19.00 元

目

CONTENTS

录

序说

中国文化的传递，在正式图书出现以前，除口传外，记事传递的方式可分两个阶段：一是文字产生前所采用的结绳、契刻和图画，以实物和形象来记录，可是传递起来比较困难；二是文字产生后以甲骨、钟鼎和石鼓为载体，以文字记事来保存和传递文化，但它们仍然缺乏广泛流通这一图书的重要功能，所以还不能称为正式图书。

中国的正式图书应该说创始于周秦时期的竹木简策，其后历经帛书和纸书等相承和交错阶段。它们承担了两千多年中国文化薪火相传的主要职责。为了明了在这漫长行程中文化传递的痕迹，就需要比较全面地了解中国的图书文化。中国的图书文化包含着图书的制作、典藏、整理、编纂和流通诸方面。剖析和阐述这些方面的成就将会自然地显示出中国图书文化的历史价值。

唐以前的中国图书，主要是手写本；唐以后由于新的印刷工艺出现，加速了文化的传递和传播。唐的雕版、宋的活字和明的套印是中国图书文化中印刷工艺发展的三个里程碑。

纸和活字印刷的发明和发展，使中国文化的保存和传递获得了便利和推动，也使中国图书文化在中国的四大发明中享有两大发明的荣誉。

图书的装帧随着保护和求美的要求而日益发展。简书开始使用卷轴，帛书在卷轴外有折叠式的方册，纸书除继续部分地使用卷轴外，大部分都采用册页，从而先后出现了经折、龙鳞、蝴蝶、包背和线装等等不同形式。这些不同形式，不仅有保护图书的作用，还有极高的工艺价值，其中包背装更为当今世界上图书装帧形式所取法。

中国文化遗产丰富，在手写简书阶段已有“学富五车”“积如丘山”的称誉。保存这些财富主要靠官藏。历代都有藏书处所和相应的管理机构，如汉朝“外则有太常、太史、博士之藏；内则有延阁、广内、秘室之府”。清朝的“南北七阁”，至今犹可考见规模。私家藏书，唐宋以来日盛，唐代李泌已是“插架三万轴”的私人藏书家。藏书事业的发展，使纸张、印章、款式、装帧、版本各方面，都相应有所改进，使图书文化内容益增灿烂。距今四百余年的明范氏天一阁是世界上现存最早的私人藏书楼，它的规制和管理办法至今啧啧人口。其他藩府、地方衙署、书院和寺庙也都有专藏。所有这些编织成一整套典藏图书的体系，使中国图书发挥保存文化的功能基本上处于一种相对稳定的局面。

大量的藏书如不加部分类次则不便使用，历代王朝都有求书、校书活动，并实施一套收集、整理、典藏等措施。图书整理工作的首要问题是分类。中国图书分类的最大特色是建基于学术分类。把图书按学术性质分类最早见于《左传》昭公十二年楚灵王所说的"三坟、五典、八索、九丘"。孟子所说"儒分为八，墨离为三"，对图书分类的类下分目有启示作用。秦朝的图书据知至少有国史、诗、书、百家语、医药、卜筮、种树、法令等八类。汉朝由于积极求书，藏书数量激增，汉武帝时便有"积如丘山"的感慨。汉成帝便于河平三年(公元前 26 年) 派著名学者刘向主持整理国家藏书工作。刘向第一次提出图书分类的六分法，即按六艺、诸子、诗赋、兵书、数术、方技六大类来区分图书。刘向与子刘歆共同撰写的《别录》和《七略》是中国最早的提要目录和分类目录，它比西方的图书分类早达千余年之多。后来，中国又出现过四分、五分和七分等分类法。公元7世纪时，中国图书分类正式确定为经史子集四部分类，以后虽然有些目录书没有完全按照这一分类，但大多数古典目录书都采用这一分类。

为了使人们能通过图书世代相传地继承和汲取中国丰富的传统文化遗产，首先要识字和掌握最基本的常识。于是就有一套比较完整而系统的启蒙读物普遍流传，承担灌输知识的任务。这些启蒙读物就是人们通常所说的“三·百·千”之类图书。在过去的时代，百分之八九十的人从中接受识字教育。在完成蒙学教育以后，有些人便开始接触以儒学思想为主的各种学识，于是有儒家经典结集的十三经，有自古至明的史事总汇二十四史，有涉及各流派的诸子百家和包含诗文词曲的别集、总集之类。经史子集是传统文化的主要汇聚点。

图书的数量随着社会经济文化的发展而日

益增多，对弘扬中华文化起到重要作用，但给收藏、省览和翻检带来了某些困难，于是从魏晋以来就出现了类书、丛书等图书的再编纂活动。首先出现的是资料汇编式的类书。最早的类书是魏文帝曹丕敕撰的《皇览》。这部八百余万字的大书，虽全书已佚，却开后世官修大书之端，对收藏、利用与保存文献有重要作用，并在某些方面具有百科全书的性质。以后梁有《寿光书苑》《华林遍略》；北齐有《修文殿御览》；唐有《艺文类聚》《群书治要》；宋有《太平御览》《册府元龟》；都是千卷大书。明有《永乐大典》，清有《古今图书集成》，篇帙更多达一两万卷。丛书为群书之府，南北朝时的汇集地记，宋初的佛藏编纂以及宋朝的综合性丛书《儒学警悟》和《百川学海》都是丛书。明清两代，丛书的编纂，无论数量还是质量都超越前代，尤其是清乾隆时所编《四库全书》更为突出。它不仅丰富了国家藏书的复本量，还对中国两千多年封建时期的文化遗产进行了一次系统的整理，虽然为了维护和加强其统治的政治目的而对中国传统文化有所损伤，但它对中国传统文化所起的流传和保存作用，仍具有重要的历史价值。

中华民族是善于继承、选择和融合不同文化的，她不仅包含了汉文化以外的各民族文化，而且汲取了佛家等宗教文化。这样，中华文化就在不断吮吸新鲜乳汁，注入新的活力，推陈出新，使其在几千年的历史长河中永葆青春，成为民族的主要精神支柱。

当然，以图书为主要传递途径的中华文化并非一帆风顺而毫无艰险。秦始皇焚书就是统治者摧残文化的恶例，历代的兵火变乱和改朝换代也都给图书造成了厄运，因而有五厄以至十厄的概括，乃至清朝对图书的禁毁，都对中华文化的传递产生了消极的作用。中国图书在国内的流通开始很早，官藏从周秦以来，一直进行有限制的开放，在特定范围内流通；私藏则往往通过赠与、借阅和传抄等形式流通。至于作为商品上市则从东汉已有书肆的记载开始，历代都有书坊、书铺和书贩承担着国内的流传任务。而更值得重视的是域外流通。它使中华文化得以普及四方。日本在公元 8 世纪所编的《日本国现在书目录》就记载了唐时日本已收存的汉文图书近两千部，其中包括医学、诗歌、礼仪、历书等内容。明代在派使出访时往往带图书作礼物，外使来访也往往得到赐书。这些交流对友邦国家的社会生活和科学文化的发展都有所影响。它加深了彼此的了解，增进了与友好国家的友谊。

中国的图书文化在中华文化的传递、推动中华文化的发展、启迪人民的智慧和开展各国间的文化交流诸方面无疑都发挥着极为重要的作用，具有不容忽视的重大历史价值，可以毫无愧色地屹立于世界文化之林。可惜的是，人们对中国图书文化知之较少或知之不深，所以感到有必要加以介绍。为了使读者阅读时脉络清晰，上篇主要以图书为主体，讲述图书的出现、发展和历史经历，使人们了解文化传递主渠道的概况；下篇主要讲中国传统文化的几种汇聚点，虽然并没有讲完整，但了解这些集结点，对于一般读者来说，也大致可以满足需要了。

上　篇

口传与纪事

一、远古的口耳相传

在文字产生以前，人们要想表达自己的思想，交流经验，只有依靠语言。但是，语言只是人嘴里发出的声音，既不能传到很远的地方，也不能永久地保存下来，所以一些比较聪明的人，把他们的经验和知识，用概括、凝练、便于记忆的语言编成歌谣、口诀和故事等等，教人逐字逐句地记住，需要时便背诵出来。这样，一传十，十传百，彼此相告，就可以传到很远的地方；上代传给下代，下代再传给下一代，代代相传，又可以传得很久，这就是“传说”。通过传说，此地方的人可以了解彼地方人的情况，后人能够知道前人的思想和生活情况。我们现在关于远古的一些知识，多半是靠着传说流传下来的，例如伏羲氏创制八卦，女娲氏炼石补天，燧人氏钻木取火，有巢氏教民筑屋，神农氏尝药医病以及大禹治水等等。世界著名的希腊史诗《伊里亚特》和《奥得赛》，也是靠这种方法流传下来的。

传说是靠口耳相传的，它根基于人们的记忆力，可是人的记忆力毕竟不是录音机，能将别人讲的话原封不动地录制下来。在相互传述的过程中，人们又往往会遗忘一点儿，或是增加一点儿。因此，一件事情，经过若干人的口传之后，就会变得离原样很远，它的真实性自然会受到很大的损害。这就是我们不能完全相信古代传说的一个主要原因。

二、结绳、契刻和图画

古人为了弥补记忆力靠不住这个缺陷，想出了许多帮助记忆的办法。根据文献记载，我国古代在文字产生以前，曾采用过实物和形象的记事方式来传递文化，这就是结绳、契刻和图画。

所谓“结绳”，就是把绳子打成大大小小、各式各样的结子，人们看到结子的大小、多少和位置，就可以想起每个结所代表的事情。用它传递信息，其他部落的人也能明白打结人的意思。我国远古时代的确流行过这种方法，如汉朝学者郑玄曾说：“古者无文字，结绳为约，事大，大结其绳；事小，小结其绳。”这种记事方法在我国历史上早已不使用，所以很难知道当时怎样结法，也不知道它们都代表什么意义。可是，在我国一些兄弟民族中，有过结绳或类似结绳的风俗，例如台湾的高山族曾结草为约，云南的哈尼族曾结绳进行贸易。在外国，波斯人、秘鲁人也都使用过结绳记事。

结绳的作用，在于它和人们的思想联系起来了。它既可以保存，又可以传递，所以，结绳能够成为交流思想的工具。

除了结绳，我国古代还采用过“契刻”的方式来传递文化。“刻”是雕刻，“契”是什么？有人说是木版，有人说是骨版。无论木版或骨版，大概是一种能够在上面刻画符号、帮助记忆的材料。这种记事方法在我国历史上也早已不使用了，自然，我们不知道在那上面刻画了些什么和怎样刻画；但我国云南省佤族人曾采用过这种记事方法，云南省博物馆曾收集到佤族的一根传代木刻。木刻两侧刻着许多刻口，每一刻口代表着一桩事情。据介绍，他们每年在第一次吃新米的时候，把全村人召集在一起，然后拿出这根木刻，由一位年老的人讲述每一刻口所代表的事件，从而，本村的历史就这样传递下去，这是古代传播知识的一个典型方式的遗留。

用图画传递信息，较之结绳、契刻更形象易懂。远古的人很早就会绘画，他们由于劳动生产的需要，常把周围环境中与生活有密切关系的事物，画在他们所住的洞穴石壁上，现代考古已经发现了旧石器时代的人类在洞壁上的绘画。这些壁画都画得非常生动逼真，使人一看就知道是什么意思，譬如要约人去打猎，就画一头鹿或一头野牛和一个手持弓箭的人，作为信件通知其他人。这样，图画就起到了交流思想的作用。起初，人们要把表达的意思画得很细致精确；后来，人们习惯了这些图画，只要用几根线条组织成一个大概的轮廓，就可以使人知道绘画者的意图。这样,图画就逐渐脱离了具体事物的描绘,变为事物的一般意象的代表。人们拿称呼它所代表的东西的名字来称它,这就使得图画和语言结合起来,成为交流思想的重要工具。这就是最早的文字。这种文字一般称为图画文字或图形文字。我们的汉字,主要是按照这一线索发展而来的。

三、汉字的产生

文字的产生,是人们社会生活的需要而逐步创造的,它是社会发展到一定阶段的产物,是经过漫长时期而形成的,汉字当然也不例外。

当人类进入阶级社会以后,便产生了国家。随着社会条件的成熟,一部分人能够脱离体力劳动而专门从事脑力劳动。脑体的分工,促进了社会生产力和科学技术的发展,那些专门从事脑力劳动的人,便有可能把图形文字整理成文字体系。中国从夏代,大约公元前 21 世纪开始进入阶级社会。虽然夏代的文字至今还没有发现,但是,从我国原始社会后期的西安半坡仰韶文化和山东历城龙山文化遗址中,曾大量出土过带有动物图形和各种符号的彩陶。这些图形和符号,如果是原始文字的话,那么,从那时算起,到夏朝时期,形成文字体系的可能性是很大的。又因为商朝的文字——甲骨文,是一种比较成熟的文字,它绝不可能是从商朝才开始有的,也绝不可能全是商人造出来的,在它之前一定还有更原始的文字,只不过这种文字目前还没有发现罢了。所以，夏朝很可能已有正式文字了。因此，我们可以说，汉字至今已有四千多年的历史了。

关于汉字的产生，在我国古文献的记载中有过种种说法，如《易经》上有一句"上古结绳以治，后世圣人易之以书契"的话，这是说文字产生在结绳之后，但没有确切指出文字产生的时期和是由谁创造的。后来，有人把它归于个人的创造，例如：西汉初年的学者孔安国把文字归于伏羲所造。但是，在《韩非子》《淮南子》和《说文解字》中，都认为文字是由另一个传说人物仓颉所造。其实，无论是伏羲造字或者仓颉造字，都是难以置信的，因为文字不可能是由某一个人忽然发明的，它是劳动人民在长期的生产过程中逐渐创造出来的。

目前我们所能见到的最早的汉字，是商朝的甲骨文，它是公元前十三四世纪时遗留下来的文字，所使用的单字达四千六百多个，形声字占有一定的比例，并且已使用了假借字，这说明，甲骨文已是相当成熟的文字了。

文字的发明和应用，使人类能直接记录语言，表达抽象的思想，打破了时间和空间的约束，而将知识和思想准确、广泛地传播开来。所以，文字是人类进入文明社会的重要标志。

四、甲骨、钟鼎和石器

中国现存最早的文字材料，是甲骨文。它是商代文字。商代文字种类颇多，已经发现的有刻在石上的石文，刻在陶器上的陶文，铸在青铜器上的金文以及刻在甲骨上的甲骨文，在已发现的各种文字中，以甲骨文为主。

甲，就是龟甲。甲文是在龟的腹甲上契刻的文字(也有少数刻在背甲上的)。骨，就是兽骨，主要的有牛胛骨和鹿头骨。骨文是刻在牛胛骨和鹿头骨上的文字。甲骨文就是刻在龟甲和兽骨上的文字，于1899年在河南省安阳县小屯村出土，这一带是商代从盘庚以后的首都。自盘庚迁此，直至商朝灭亡，为时大约二百七十余年。因其首都称作殷，所以，商朝又称作殷朝。商朝灭亡后，它的首都沦为废墟，因此，又称安阳小屯一带为殷墟，从此地出土的甲骨文又别称为殷墟书契。又因为这些甲骨是殷人用以占卜的遗物，刻在上面的文字，也就是殷人占卜的记录，所以甲骨文还别称殷代卜辞。

起初，人们以为这些甲骨是“龙骨”，就把它们卖给了药店。所谓龙骨，本是一味中药，它是埋藏在地下的古代动物的骨头，有涩精补肾的功能。后被一个叫王懿荣的清末学者发现，认定这是一种珍贵的古代文物，才开始有意识地收集。其后，经过一些学者如孙诒让、罗振玉、王国维等人的研究，才确定是商代的一种文字材料。

商王朝距今大约有三千多年了，它是一个相当发达的奴隶社会。商人十分迷信，他们认为生活中的一切，都得听命于上帝，都得按鬼神的意旨办事。因此，事无大小，必须贞卜。贞卜的内容包括祭祀、征伐、田猎、年景、疾病、出入、风雨以及卜旬(十日之内有无祸事)、卜夕(当天夜里有无灾祸)等等。甚至妇女分娩生男生女都要占卜,主持这种事务的专职人员称为贞人或卜人。占卜时用的龟甲或兽骨,以龟甲居多,故名龟卜。据说,占卜之前,先将龟解剖,取下腹甲,涂以牛血,这叫"衅龟",然后再将龟甲刮磨,使它平滑光洁。

占卜的方法是把事先整治好的甲骨钻一圆孔,凿一长槽,然后用火烧灼,钻凿过的地方经火灼后,自然裂成不同的纹路,贞人据此确定吉凶,决定事情当做或不当做。最后把占卜的结果,包括占卜时间、卜人名字、所问事情、事后的应验等等,刻在纹路的附近。甲骨文就是当时占卜的记录。

甲骨文除卜辞外,还有记事刻辞,所谓"记事",有的与卜辞有关,有的无关,如记载战争中俘虏数字,田猎时所获多少以及方国、臣下进贡物品等等。

甲骨文是用金属刀具或别的什么工具刻在龟甲兽骨上的,目前还没有确定;但甲骨文字体十分美观,或峭拔苍劲,或秀丽多姿。它不仅是研究殷商时代社会生活的宝贵资料,同时又是极其珍贵的艺术品。

根据大概统计,河南安阳小屯出土的甲骨有二十多万片,其中有两三万片流落国外,甲骨文不重复的字有四千六百多个,已识的字大约在一千五百个左右。我国第一部著录甲骨文的书，是1903年出版由刘鹗拓印的《铁云藏龟》。以后陆续拓印、摹印、影印出版了三十多种，其中《甲骨文合集》是一部集大成的著作，有图版、释文、多项索引和有关图表，共十三巨册。

文字产生之后，另一种记事载体是钟鼎。所谓“钟鼎”，是对古代青铜器的通称。古代有些重要的文献记录，为了传之久远，不致朽烂，于是在青铜器上刻辞，以传于后世。这在我国古文献中屡有记载，如《墨子·鲁问篇》中说：“书之于竹帛，镂之于金石，以为铭于钟鼎，传遗后世子孙。”

青铜器绝大部分是古代统治阶级日常生活中所享用的礼器。一般乐器有钟；食器有鼎、鬲、敦、簠(fǔ)；饮器有尊、彝、壶、爵；盥洗器有盘、匜(yí)。这些礼器中，以钟和鼎为最大，上面多半有文字，所以，人们称这上面的文字为“钟鼎文”或“金文”，又因为这些文字是铸(或刻)在上面的，所以，又称为“铭文”。

青铜器是用铜锡合金铸成的器具，它的发现是人类文化史上划时代的标志之一，证明人类已从新石器时代进入了青铜时代——大约是在商代。它出现不久就有人开始在上面刻上名字或者其他符号，以明归属。后来，文字渐加长，变为纪念性短文，或者说明作器的原因，或者说明作器的用途和作器人。再后来，便将需要长期保存的重要文献也铸(或刻)在青铜器上，如春秋时期的郑国，在公元前536年将刑罚条文铸在鼎上，晋国也曾于公元前513年将范宣子所作的《刑书》，即刑罚条文铸为刑鼎。因此,青铜器上的文字由一两个字逐渐发展到几百字,从这些文字记录中,我们可以得到关于当时的许多历史知识。

在青铜器上刻字这种风气,一直沿用到西汉时期,从传递文化的角度讲,最重要的是周朝到战国时期的青铜器,因为这时期的青铜器,大多刻有文字,有时还很长,对于我们今天研究文化史有重要的价值。如清道光末年在陕西岐山县出土的毛公鼎,是西周宣王(公元前 827~ 前 782 年)时期铸造的,鼎上有铭文三十二行,连重文共四百九十九字,是现存有铭文最长的青铜器,内容记述了周宣王告诫和褒赏其臣下毛公厝事。又如清乾隆中叶出土的散氏盘,是西周后期的青铜器,有铭文十九行,三百五十七字,又名矢(zè)人盘,记述矢人将大片田地移付于散氏时所订的契约。

这些青铜器的花纹和形态非常优美,冶金铸造也很考究,是我国古代艺术和工艺的极宝贵的资料,它们上面的铭文,反映了古代政治、经济等方面的很多情况,是研究我国古代历史的重要材料。

对于青铜器上铭文的研究,我国从宋代开始就成为一门专学,出版的图书也很多。目前收集铭文较多的书籍有罗振玉等编的《三代吉金文存》,陕西考古研究所等编的《陕西出土商周青铜器》。考释方面的专著有郭沫若的《殷周青铜器铭文研究》《西周金文辞大系》和容庚的《金文论》等。

青铜器本身有其固有的用途，铭文是附加在上面的。所以，青铜器和甲骨一样，虽然可以利用它的铭文，研究古代社会文化，但它本身还不是正规的图书。

还有一种载体，就是石器。古人曾努力寻找一切可以书写的材料，来记录重要的事情。人们发现，在石头上刻字比在钟鼎上铸(刻)字容易得多，而且也能够多载。这样，刻石就成了保存和传递文化的重要形式之一，所以《墨子》书中就有“镂于金石”的话。

中国现存最早的刻石是秦国的石鼓，它是唐朝初年在陕西天兴县(今陕西宝鸡市)出土的。石鼓共有十个，各刻四字诗一首，歌咏秦国国君游猎情况，因而又称为“猎碣”。它的字数最初有六百多个，现在仅存三百二十一字，书体为秦始皇统一文字以前的大篆(即籀文)，历代的学者们对其书法评价很高，近代学者经研究，公认它是秦国的石刻，至于刻于何年，目前尚未确定，多数认为是秦文公时期的遗物，距今已有两千七百多年。

像甲骨、钟鼎一样，石鼓刻辞尽管带有文学色彩，但它的主要目的是为了纪念或表扬，而不是用来传播文化知识。所以，它们也不能算作正规的图书。

此外，古人还有用玉版作文字载体的情况。将文字刻于玉版，始于何时，我们已无从知道，但至迟在商朝后期已用玉版为载体来记录事情了。《史记·太史公自序》中说秦始皇时期，秦政府中储藏着不少用玉版记录的档案材料。考古发掘也证实了玉版的存在,1960 年 12 月在山西省侯马晋国遗址中,出土了写有文字的玉片和石片,总数有五千多件,其中三分之一为玉质,三分之二为石质。它们的形状是上尖下方,最长的三十二厘米,宽近四厘米,厚将近一厘米,小型的一般长约十八厘米,宽不到两厘米,有的薄得像纸片,上面的字是用毛笔书写的,这是我国春秋后期遗留下来的珍贵文物, 由于上面记载的是一种盟誓,同时又出土在侯马,所以叫做《侯马盟书》。经考古学者鉴定,认为它是距今两千五百多年前晋国的贵族赵鞅所主的盟约。但它也是档案,而不是正式的图书。

甲骨、钟鼎、石鼓、玉版从严格意义上说,由于不能流动、传播而不能称为正式图书;但它们确是在简牍出现前,发挥过传播文化的重要作用。

简牍与帛书

中国正式图书的最早载体材料是竹和木。一般来说,以竹为载体的称简策;以木为载体的称版牍;但也有以木作简称木简的。简策多用于写法令、著作,版牍多用来写信或绘图。由于人们寻求到竹木这类价廉便用的载体,正式图书得以出现,文化的传递也步入了正常的轨道,而逐步向前发展。

简策与版牍究竟从何时开始使用?据《尚书·多士》篇周公对殷的贵族说,“惟殷先人,有册有典”,则殷商时不仅有竹简编成的册(策),还有解释作“大册”的典。可是现在既无实物作证,对简策的解释也还有不同说法,所以至多把它们认作是正式图书出现前的先驱形式。子思所写《礼记·中庸》中有“文武之政,布在方策”的话。唐朝孔颖达解释方策是“方牍简策”,宋朝宋熹解释“方,板也;策,简也”,这可以解释为一块木板称“版”,写了字的版称“牍”,一尺见方的牍称“方”,一支竹片称“简”,许多简连在一起称“策”。《中庸》所记说明周初文王、武王时已把他们的政事政令记述在以木为载体的方版上成为文牍 (官方公文),

同时也记载在竹简上，并把连续记事的简编联成册 (策)。如果《中庸》所记可信的话，那么简策版牍在周朝初年至少已被官方所使用。公元前 527 年，周襄王曾对晋大夫籍谈说到籍谈九世祖孙伯黡(yǎn)，因管理典籍，所以他的后人便由此而姓籍氏，籍是簿书，从竹字头，可见当时已用竹作书写材料，如从籍谈上推九世，则应是公元前 800 左右，即西周中期，可见西周中期也已用简策，但由于至今未发现春秋以前的简策实物，遂难以肯定周初中期开始利用简策的具体情况。

根据史书记载，战国时期的简策曾被发现过。如汉武帝时，鲁恭王在曲阜修建宫室，在拆除孔子旧宅墙壁时，发现一批简书，包括《古文尚书》《论语》和《孝经》等，用蝌蚪文或篆文书写在竹简上，每支简上有二十至二十五字。晋武帝太康二年(公元 281 年)，河南汲郡人不准在盗发魏襄王(或作安厘王)墓时，得竹书数十车，大都是古代的重要史料，有《竹书纪年》《穆天子传》等十六种七十五篇(卷)，都是秦汉以来失传的书，引起了晋朝政府的重视，把这批竹书交由著名学者荀勖等主持整理、编次，列入政府的官藏目录。后世称这批发掘出来的简书为汲冢书。南齐高帝建元元年(公元 479 年)，襄阳地区盗发相传是楚昭王墓的古冢，其中有竹简书，宽数分，长两尺，蝌蚪文书写。这些发现的简书都是战国或更早些时候的遗物，可惜它们只见于文献记载，而无实物作证。

20世纪50年代以来,从地下发现大量战国及秦的竹简,较重要的有三次:

一是1953年7月,在湖南长沙南门外仰天湖古墓中,发现竹简四十二支。最长的二十二厘米,墨书,篆文,每简一行,有两字至十余字不等。根据一同出土的其他文物来鉴定,这批竹简确是战国时的遗物。

二是1972年山东临沂银雀山发现的《孙子兵法》和《孙膑兵法》竹简,有五千枚之多,显然也是战国时代遗物。

三是1975年12月在湖北云梦睡虎地秦墓中,出土竹简千余枚,内容包括南郡守腾文书、大事记、为吏之道及律文等。据专家研究,这批竹简应是始皇三十年(公元前217年)入土的,在五十三支《大事记》木简上记载了自秦昭王元年(公元前306年)至始皇三十年共九十年间的大事,均按年系事,一年不缺,有些内容可补正《史记》的记载,足见其价值。

由于这几批竹简的出土,人们可以亲眼看到战国时竹简的实物形制。这些竹简无疑是现在所能见到的最早的正式图书。从而证明两千年前中国文化的传递已有了正式的专用载体,并使之流通传播。

竹简并不是直接使用竹的原始状态,而是经过一定的炮制过程,即先将竹截成一定长度,再剖成一定宽度,成为一支支的简,再经过火烤脱水以防朽蠹,这种技术处理称为“杀青”或“汗青”，然后便成为可以写字的书写材料。每支简长的有二尺四寸左右，用来写重要书籍如儒家经典和政府法令，以示尊敬。由于战国时有以八寸为一尺的，两尺四寸长简可视作三尺，上写法律条文，所以古代称法律为“三尺法”。短简约八九寸，用来写次要书籍如子书和传记等，以便翻阅。东汉学者王充在所著《论衡》中所说“大者为经，小者传记”，就指此事。

简书上的字，过去有一种误解，人们认为既是竹木材料，那就是用刀刻或用漆书写的。但从实物考察，简上的字却是用毛笔和黑墨写的。所谓“漆书”的“漆”，不是名词的“漆”，而是形容其黑如漆，至于刀则是用来刊改误字，类似现在橡皮的作用。一般每支竹简自上而下写二十或四十多个字。云梦发现的一支竹简，正反两面都写字，还配有图画。秦简《为吏之道》则分上下五栏书写。

每支简上不能写很多字，一个文件或一篇文章往往需要写许多支简，于是就要把简依次排列起来，这就叫作“编”。编连有序的简用二道、三道，甚至五道丝绳或麻绳连成“册”(策)。这成册的简以末简为中轴，从左向右卷成一卷来保存，这就是一卷书，因而“卷”成为图书的单位名称，一直沿用下来。

用木材作书写材料时，先将木材锯成段，再分成片，然后把横断面刮削使之平滑成为“版”。“版”有不同规格，凡三尺长的称“椠(qiàn)”，两尺长的称“檄(xí)”，一尺长的称“牍”。版的宽度一般是长的三分之一。也有长宽相同的称为“方”。有的宽度很狭，只能写一行字的称“札”，也就是木简，汉代比较普遍地使用木简。一尺见方的牍一般用来写信，所以过去把信札称“尺牍”。在牍的外面加一块空白的“版”叫作“检”，来掩盖有字迹的牍，对内容起保密作用。把一叠版牍捆在一起以免散乱的行为叫“约(yāo)”。在“检”上签上名字叫“署”。在“检”的中间有一块微凹的小方空叫“函”，所以后世把信件称为“函”，捆版牍的绳子在“函”处打结，用泥封上，加盖印章，以免别人偷拆，这种行动叫“封”，也称“泥封”，所以后世把“封”作为信件的计量单位。版用来写字称为“牍”，用来画图表仍称“版”，国家用“版”来画疆域，所以后世称领土为“版图”，地方上用“版”来登记户口，称为“户版”，所以户口册也称“版籍”。战国时期使用木简较少，据出土文物考察，仅见于四川省青川县的战国墓中有两件，记载着公元前309年秦武王命令丞相甘茂修改田律的内容。木简在战国时可能使用较少，后来由于加工制作比竹简方便，所以使用日广，汉代木简的发现数量就比较多了。

西汉时期继续使用竹木简牍，在古书中多有记载。汉武帝元光元年(公元前134年)曾命令学者对政务发表意见，这些学者以书面发表意见，所谓著之于篇的“篇”字就指竹简。汉元帝时掌管京城治安的诸葛丰曾向元帝表示除恶务尽的态度，不惜牺牲生命来诛杀奸臣的头，悬挂在通衢，并“编书其罪”，这个

“编”字指把各支简编连在一起。成帝时，中国第一个目录学家刘向曾比较详细地说明竹简的制作程序和整理简书的情况。这些文献记载证明西汉时简书仍是图书的主要形式。

不仅有文献记载，而且从20世纪20年代以来曾陆续发掘出汉简，如：

1901年在新疆尼雅河流域古楼兰遗址，出土汉木简十九枚。

1914年在甘肃敦煌附近，发现汉木简一万余枚。

1959年在甘肃武威磨咀子六号西汉墓中，出土竹木简四百九十枚。

1972年在山东临沂银雀山二号墓中出土了三十二枚竹简，它们是汉武帝元光元年的历谱，这是目前发现最早、最完整的历谱。

1972至1974年，在甘肃居延地区出土汉简近两万枚，这是中国发现汉简数量最多的一次。

简书对于中华民族文化的保存、传递和奠基诸方面曾起过重要的作用。它从周秦以来到魏晋时期一直作为主要的图书形式；但是由于制作过程繁复，携带传播笨重，收藏占用面积较大，编连容易烂脱遗失，所以与简策同时并行的还有“帛书”。

“帛”是丝织物的总名，所以“帛书”又称“缣书”“缯书”。“帛书”与“简书”并行使用可从诸子著作中得到证明，如《墨子》中有“书之竹帛”，《韩非子》中有“先王寄理于竹帛”，《吕氏春秋》

中有“著乎竹帛”等等词句，把竹帛作为并用的书写材料。1942年9月，在长沙东郊王家祖山的一座战国时的大椁里发现一件帛画，有字有画，文字主要是一些天文禁忌和神话故事，画主要用青、绛、朱三色绘成各种神怪形象。据考古专家考订，这是两千三百余年前的遗物，可惜已被美国掠去。这张帛画只能说是一张宣传品，而不能算作图书。

西汉以来，由于帛便于携带使用，舒卷自如，所以继续与竹简并行于世。楚汉战争时，刘邦包围沛城，便在帛上书写宣传内容，射入城中以瓦解守城势力。大批的帛书实物发现是在1974年湖南长沙马王堆三号西汉墓中。当时出土的帛书计有：1. 两种《老子》写本(整理时称为甲、乙本)。甲本《老子》后有佚文四篇，乙本《老子》前有佚文四篇。2.《周易》一部及卷后佚书三篇。3. 与《战国策》有关的书一种。4. 与《左传》类似的佚书一种。5. 关于天文星占的、相马的、医经方的佚书各一种。6. 关于刑德的佚书三种。7. 关于阴阳五行的佚书两种。8. 导引图、驻军图、地图、街坊图各一幅。9. 杂占书一种。这批帛书总共有十二万字，大部分用朱丝栏墨书，字体是篆、隶两种。这批帛书的被发现不仅使我们了解和看到“帛书”的实际形态，丰富了中国图书发展历史的内容，而且这些“帛书”既可作为现行图书的校订依据，还可以增加一点古籍的种量。

东汉时，简牍和帛书仍然是主要的图书形态。光武帝迁都洛阳时，官方收藏用简策所写的经书就装运了两千辆车。章帝时曹褒奉命修改西汉初年叔孙通所订《汉仪》，撰成有关礼制一百五十篇，都以两尺四寸简来写，以示尊重。至于简策实物的发现，比较突出的有1930年在甘肃居延地区发现的东汉木简，其中有一部东汉和帝永平五年至七年(公元93~95年)的兵器簿，有七十七根木简用二道麻绳编联而成的兵物清册，简上还写有“右破胡燧兵物”字样。1950年甘肃武威的东汉陵墓中所发现的三百余枚木简中有《仪礼》九篇，是现存的简策型儒家经典，以两尺四寸长简书写，每简写数十字，各简间有顺序编码，这是现存古简中最长的一种。东汉时，帛书比过去更多地使用，如顺帝时有《太平青领书》一百七十余卷是“白素、朱介、青首、朱目”的形制。这是一本帛书：白素是白色的丝绢；朱介是红色打的格子；青首是用青绸子作护首；朱目是红色题签。这部一百七十余卷的大书，每卷是白绸子上打红格，包着青绸子，题着红书名。简书和帛书是当时政府的主要藏书，东汉末年，董卓强迫汉献帝迁都西安时，图书损失严重，简书被烧，帛书大的联结成为车篷，小的做成口袋，可见帛书在全部图书中占有一定比例。

帛书质地轻软，书写自由，剪裁方便，能绘图制表，所以一直与简书并行使用，但由于帛书造价昂贵，不是一般人所能负担，所以它始终不能代替竹简而单独流行，即使并行，它也被作为贵重文房用品看待。后汉以来，纸开始作为书写材料时，以帛写书仍然存在，不过逐渐作为艺术品如书法、绘画之类的载体，而不是作为图书的载体了。

由于“帛书”始终未能代替“简书”，所以竹木简牍，一直沿用于魏晋。直到东晋末年，桓玄才在一道命令中正式宣布用纸作书写材料而停止使用简牍。从简牍到缣帛再到纸的使用，确是中国图书发展上的一大进步。简牍虽然已不被作为专门的书写材料，但它的影响却一直传留到后世，在文学作品和成语口语中还可以看到简牍的痕迹。宋文天祥有著名诗句：“人生自古谁无死，留取丹心照汗青。”“汗青”是制简的工序，后世用它代表图籍、史册。作家完成作品称“杀青”，杀青是正式定稿的意思。对敌人累累罪行的控诉说“罄(qìng，用尽)竹难书”，表示用尽许多竹简都写不完。一本书的页和行发生错乱，校勘者称它为“错简”，指明是各支简的次序错乱了。过去的八行信纸也是八条简编连在一起的模拟形式。

简书和帛书的地位，虽然被纸书所代替，但它们传递和保存中华文化的功绩是光照后世的，它们的创制和使用反映中华民族先民们的聪明智慧。

纸和纸书

纸是中国四大发明之一，也是对世界文明的卓越贡献之一。世界各国的造纸术，都是由中国传播出去的，东方的朝鲜、越南和日本晚于中国二三百年，中亚各国晚六七百年，欧洲国家则晚千年左右。纸的发明使文化的传播摆脱了竹简的笨重和缣帛的昂贵而得到更顺利的流通。这是中国图书事业发展史，也是世界图书事业发展史上的一件大事。根据出土的西汉时期的纸状物或原始形态的纸，说明西汉已经有类似纸的物质。本世纪以来，在中国的新疆、甘肃、内蒙古、陕西等地先后出土过汉纸残片，其中西汉麻纸便出土过四次。

一是 1933 年，中国西北科学考察团在新疆罗布淖尔(淖尔是湖)汉代烽燧亭故址中掘得一片古纸，长十厘米，宽四厘米，麻质，白色，方块薄片，四周已不完整，纸质粗糙不匀净，纸面有麻筋；同时出土的还有黄龙元年(公元前 49 年)的木简若干。黄龙是汉宣帝年号，所以这片残纸当是西汉时遗物，可惜，这片西汉麻纸被日本侵华炮火所毁，现幸有照片可查。

二是 1957 年,在陕西西安坝桥砖瓦厂的工地上,发现有西汉武帝时代的遗物,其中有古纸的碎片。经化验证明这是由麻类纤维所造的纸,质地粗厚,外观呈浅黄色,表面有较多的未松散的纤维束,局部有小段双股细麻绳头,帘纹不清,纸上无字,出土时是用来包随葬铜镜的。出土的纸多半已裂成碎片,较大的一片长宽差不多为十厘米。因为这些碎纸是在坝桥发现,所以称为“坝桥纸”,是目前考古发掘出来的中国最早的“纸”。

三是 1973 年至 1974 年甘肃居延考古队在甘肃北额济纳河沿岸居延遗址的肩水金关故地发现的两片西汉麻纸。一片已揉成团,长十九厘米,宽十二厘米,呈白色;同处出土的简牍最晚年代是西汉宣帝甘露二年(公元前 52 年)。另一片长十一厘米半,宽九厘米,呈暗黄色,质地较粗,含麻筋较多,出土层在汉哀帝建平(公元前 6 年)以前。这种被称为“金关纸”的西汉麻纸是中国对古纸的又一次重大发现。

四是 1978 年在陕西原扶风县地区发现的汉宣帝时期古纸,质地粗糙,也为麻类纤维所造。

这四次发掘出来的西汉纸,表面上都没有文字,可能由于这些纸质地粗糙,只能用来包垫东西,而不能作书写材料。但是,西汉时期用麻料制作纸的技术却是今后造纸术发展的起点。这一创造为中国的造纸术和正式用作书写材料纸的出现奠定了基础。

随着造纸原料的扩大和造纸技术的逐步改进与推广，到了东汉时期，纸便开始成为可用于写书的书写材料了。汉章帝时曾命令著名学者贾逵研究《左传》，并提出《左传》比《公羊传》和《谷梁传》优越的特点。贾逵分条论述并报告了章帝，章帝很高兴，除赐布五百匹和衣一套外，还要他选取高才生二十人来学习《左传》，发给简书、纸书的《左传》各一种。这是文献记载中第一次记载简书与纸书并行之始，也可见东汉前期的纸已大有改进，达到能够作书写材料的程度。贾逵的学生崔瑗用纸写了《许子》十卷送给朋友葛元甫，同时还表示了歉意。这又证明纸可用来写书，但不如缣帛贵重，所以要向朋友道歉。不过当时纸的产量还不高，所以有人曾用废纸反面写书，以致使人看不清；由于纸的产量不高，所以政府对于纸的使用管理得还比较严，设立专官掌握，如守官令主管皇帝用纸，尚书右丞主管宫廷用纸。

考古发现的东汉纸张上面是有字迹的，如 1942 年在内蒙古额纳济河发现了带有字的纸团，化验为植物纤维所造，根据与它同时出土的和帝永元年间的木简推断，这团有字的纸当是永元五年至八年间(公元 93~98 年)的纸。1973 年在甘肃武威旱滩坡工地发现了东汉时代的古纸，纸上写有隶书，经化验也是麻类纤维所造。这是我国现存最早的写有文字的纸。1974 年在甘肃武威的东汉墓中又发掘出一批带有字迹的东汉纸。这些发现充分证明东汉时期造纸技术已有所改进与发展。

纸的概念的出现,麻类植物纤维造纸技术的产生,都为东汉蔡伦改进造纸技术创造了条件。“蔡伦造纸”是相沿已久的传统说法,过去民间的启蒙读物《幼学琼林》中就说“纸乃蔡伦所为”。这个传之既远且广的说法当始于《后汉书·蔡伦传》。《蔡伦传》中说蔡伦“造意”用树肤、麻头、破布、渔网等造纸,并在汉和帝末年(公元 105 年)把制品上报,得到和帝的赞赏,从此,天下就普遍用纸,而把纸称作“蔡侯纸”。史传中所说的“造意”是指创始而言,所以就有了蔡伦造纸的传统说法。但是这个说法并不十分准确,一是在蔡伦以前就有能写文字的纸,蔡伦只能是改进者,而不是发明者;二是《后汉书·蔡伦传》的史料根据《东观汉记》中记载是“蔡伦典作尚方作纸”,尚方是一种官职,指少府(掌管山海池泽收入并皇室手工业制造)所属的尚方令。这个职位监督制造宝剑的各种器械,并且主管纸、笔、墨等用品。“典”是主管的意思。《东观汉记》的这段话是说蔡伦任尚方令主管造纸工作。由于他是主管者,所以所造的纸被称为“蔡侯纸”。蔡伦究竟是个什么样的人,他在造纸事业中的地位应该如何看待呢?

蔡伦字敬仲,桂阳人(今湖南省耒阳县),明帝永平末年(公元 75 年)入宫当差。章帝时任小黄门达十余年。和帝初(公元 89 年)任中常侍,又加位尚书令。安帝元初元年(公元 114 年)封为龙亭侯(今陕西洋县),后为长乐太仆,永宁二年(公元 121 年)因卷入宫廷内讧而自杀。蔡伦在宫廷数十年,参与决断国家的机密大事,又很有才干,对造纸事业可能起到改进和推广使用的重要作用。尽管对蔡伦造纸问题还有不同意见,但至少有两点应该肯定:一是他总结和提供了新的造纸原料,即在麻类纤维外,又用树皮作原料;二是他改进和推广了新的造纸技术,总结了剥皮、沤烂、熏煮、舂捣、漂白等一套新工艺。由于有了这些改革,便为中国的造纸工艺开辟了广阔的道路。蔡伦扩大造纸原料,改进造纸技术的功绩是不可抹煞的。

由于东汉以来造纸术的进一步改进和推广,纸写书逐渐趋向取代简书和帛书。三国时已经有较多的人用纸写书,但是帛书仍然流行,并且作为一种高贵的书写材料。魏文帝曹丕是个文学家,写过一部文艺理论著作《典论》,魏和吴在国事交往中,魏曾用帛和纸各写《典论》一部,作为外交赠礼,帛书的一部送给孙权,纸书的一部送给吴大臣张昭,从二者的地位衡量,帛书显然表示尊重而纸书则是一般流行本。

晋代用纸写书更为流行,一般人都知道"洛阳纸贵"的成语。这是说西晋著名文学家左思撰写《三都赋》后,由于文辞典丽,许多人传抄,洛阳地方的纸张因之涨价,可见,纸被普遍使用,并且已经是一种商品了。不仅写书,西晋学者陆机还用纸写过一套《平复帖》的书法作品。《平复帖》距今一千七百余年,由于历来精心保护，现在珍藏在中国的故宫博物院中，这是世界上现存的最早纸本书法。东晋以后，官方文件大量用纸。公元404年，权臣桓玄废晋安帝，自立为楚帝以后，曾正式下令废除用简牍书写，改用经过防蠹药物处理的黄纸，这是最早明令用纸书写的规定。从此，中国文化的传递便进入了纸写书的时代，简牍逐渐淘汰，缣帛则多用于书画艺术品的材料。

从出土文物考察，晋纸规格已逐渐定型，一纸宽约一尺，长一尺有半。晋尺约合今二十五厘米，即宽二十五厘米，长三十八厘米。纸写书是把幅度相等的纸粘连一起，由末尾向前卷，前后加签和轴，形成卷轴形式，后来就称这种卷轴式的书为"卷子本"。现存的古卷轴绝大多数是20世纪初在敦煌莫高窟中发现，共有从4世纪至10世纪间的纸写本两万卷，其中精华部分近万卷被英国的斯坦因和法国的伯希和先后于1907年、1908年盗去，剩下的万余卷现存北京图书馆，20世纪30年代时由著名学者陈垣先生主持编成《敦煌劫余录》。敦煌写本绝大部分是佛经，还有一些经史子集和文书契约。除汉文外，还有一些少数民族文字的写本。在其他地方也都有所发现，至今尚能见到实物。

中国最早有确切年代的纸写文书写于西晋泰始九年(公元273年)，解放后在新疆出土。

中国最早的纸写佛经是西晋咸宁四年(公元278年)的《陀罗尼神咒经》，现流失国外。

中国最早的外族文字纸写物是1907年斯坦因在敦煌附近长城古烽燧遗址中发现的粟特文书信。粟特文是居住在中国西北和苏联中亚细亚一带粟特人所使用的文字。这批书信约写于西晋永嘉年间,即公元313年前后。

中国最早的汉文纸写书信是解放后在新疆哈拉和卓发现的书信纸。它写于前凉建兴三十六年(公元348年)。

中国最早的纸写书是1924年在新疆鄯善出土的《三国志》残卷,写于陈寿完成《三国志》后不久。这个残卷包括《虞翻传》和《张温传》的部分内容,计八十行,一千零九十字,原卷已流入日本。1965年初,在新疆吐鲁蕃又发现晋人抄的《三国志》的《孙权传》和《臧洪传》的残卷,计四十行,五百七十余字,抄写时间比前者还早。

从隋到唐代前期,纸写书比较流行,仍然是卷轴式墨写,直到八九世纪,由于雕版印刷术的发明和使用,手写纸书的状况有所改变,于是印本纸书出现,装帧形制也由卷轴制向册页制过渡,册装形式开始流行。这是纸书的一大进步,因为册装纸书比卷轴纸书具有易成、难毁、节费和便藏四大优点。

印本册装纸书在唐末五代时已经流行,英人斯坦因在《敦煌取书记》中曾记录过五代时后汉乾祐二年(公元949年)雕印的《金刚经》册装形制。这部经印刷简陋,但值得注意的是已经不是卷轴式,而是折叠式,是旧型纸书向新式书籍过渡了。这部经一共八页，只印一面，折叠以后在末页上再粘幅纸，展开后就像一本书的样子。五代时，册装纸书更由折叠装向蝴蝶装发展。有一本五代时刻印的《切韵》残本十六页，它把字面对折，每页的折端粘在一起，和宋代流行的蝴蝶装几乎一样。

宋初，处于写本纸书向印本纸书全面转化的时代。北宋的纸书盛行册页，册页的单位称“纸”或“版”。宋朝政府对校书人员所规定的定额是“每员复命校册页背面二十一纸”。这“二十一纸”也就是“二十一版”。一个册页以一背一面合为一版，背和面的分界线是版心，北宋版的书，一般都在版心的地方记本版字数、书名或简称、卷数和刻工姓名。各版成册时是将有字的一面，以版心线为准内折，再把中缝的背口，用糊粘在包背的厚纸中线上。当书展开时，很像展开双翅的蝴蝶，所以称这种纸书的形制为蝴蝶装。这种蝴蝶装很像现在的地图册，就是有图的两面对合在一起，隔两页空白，再翻又是对合的图。蝴蝶装主要以粘接合页的版心线为主，也有用线订的，但是因为是图文内合，订线在版心处，容易损坏书，还不如粘接为善，不过这种以线装订的做法却对后来线装纸书的出现有启发意义。蝴蝶装的粘背接缝工艺，在宋代文献中常称为“装背”，这种“装背”工艺又为后来的包背装纸书开了路。

在印本纸书日益发展改进时，手写纸书并未完全取消，在宋朝目录学家尤袤(mào)所编的《遂初堂书目》中就著录有多种写本书，写本书已开始由卷轴折叠成方册，称为折子装，很像后世所用的折子。又因为它更多是由于为讲经诵读方便而把卷子折叠起来，这就不需舒卷而只要左右翻动，所以又称它为经折装或梵筴装。另外还有一种装帧形式，就是在卷轴式的底纸上，把书页像龙鳞那样依次错落地粘裱，打开时，好似龙鳞，所以称为龙鳞装。收卷时，书页鳞次朝一个方向旋转，宛如旋风，所以又称为旋风装或旋风页卷子。旋风装和经折装虽与蝴蝶装并存，但随着印本书的日益增多，旋风装已成为历史陈迹，经折装也主要用于佛家经典，如清雍正时刻印的《龙藏》便是经折装。经折装和旋风装没有完全摆脱卷轴，而只有蝴蝶装才使纸书开始成为方册，它是由卷轴走向册页的第一种形式，也为后世的书册提出了书型的初步规模。

继蝶装纸书之后是包背装，它流行于元明时代。包背装与蝴蝶装恰恰相反，它把印字的一面外折，版心线在书口，后背用书皮包裹，形式上与线装书差不多，只是不穿孔钉线，而是把书页糊粘在包背书皮的中线部分，实际上与现在的平装书相似。现藏北京图书馆的元刊本《汉书》和《文献通考》是包背装，明朝的《永乐大典》和清朝的《四库全书》都是包背装。清代的包背装技术尤为出色，有一部清朝皇室的家谱——《玉牒》，用宣纸画朱丝栏端楷写成，每册长九十多厘米，宽五十多厘米，厚也五十多厘米，重一百五六十斤，移动上架，需要两人合力。它就采用包背装工艺，至今二百余年，屡经搬迁，包背丝毫无损，也可说是中华一绝了。

到了明代中叶即公元15世纪时，纸书在包背装基础上又出现了线装。线装就是把包背装的整张封皮从书背处裁为两半，前半成封面，后半成封底，连同书身一起打孔穿线，装订成册。线装到清初便被广泛采用，一直沿用到现在，甚至有人误把线装作为古书的代称，而对线装以前的古书形式知之不多了。线装的优点在于纸书的外观非常整齐美观，无论是四眼钉、六眼钉或上下包角都有很高的工艺水平。即使装订线断了，书页也齐叠成册不易散乱，而且不论新书旧籍，都可改装一新，便于保管。不过由于它把版心处折为书口，多次翻阅易断裂，在遇到整版插图时，反不如蝴蝶装内折的易于观览。虽然如此，线装应该是纸书成册的最整齐美观、便于阅读保管的进步形式。

印本纸书从唐以来，历千年而不衰，近代除版印外，还有铅印、石印等等手段，内容日益丰富，独尊地位日益稳定；但是，这不等于说手写纸书完全不复存在，相反的，手写纸书日益崇贵而受到人们的珍视，如从版本学角度看，稿本、写本、抄本、传抄本等等手写纸书成为珍藏图书。各朝重要大型著述往往手写，明朝的《永乐大典》总字数达三亿七千万字，除永乐五年(公元1407年)编成后缮写一部外，嘉靖四十一年(公元1562年)为预防不测又命令重抄一部。清代《四库全书》共七万九千三百零九卷,一共抄了八部。这两部大书当时都没有印本,而以仅有写本表示其尊贵的地位。有些著名学者为刊印自己的著作而请名书家写好后再刻印称为写刻本,如清初著名学者、诗人王士祯请福建书法家林佶为其手写《渔洋山人精华录》, 然后再刊版印行,成为相当精美的工艺品。

不论手写纸书,还是印本纸书,对于传递和传播文化都起着重要的作用。中国两千多年的纸的历史和一千多年纸书的历史, 都充分证明中华文化之所以能源远流长和对世界文化作出应有的贡献, 确是其来有自。随着社会和科学技术的发展,文化传递和传播的媒介工具势必在扩张。但是,纸的应用和纸书的价值仍将经久不衰地为传递和传播人类的文化作出其历史贡献。

雕版·活字·套印

雕版印刷术和造纸术一样，也是中国的四大发明之一，对于推动文化的发展起着划时代的作用。在雕版印刷术发明以前，中国文化的传递走着一条艰辛的道路，完全靠手用笔墨抄和写。人们开始在简牍和缣帛上抄和写，继而在纸上抄和写。

从文献记载分析，西汉初年就有抄书活动。汉景帝时，景帝子河间献王刘德从民间搜寻到好书时，请人好好地抄一本给藏者，留下藏者的原本，另外送金帛给藏者作补偿，因而搜集到许多书。这时无疑是一种简书。汉成帝时，在著名学者刘向主持下，中国进行了世界文化史上第一次大规模的图书整理工作，刘向等学者为每个整理本写一篇提要作为正录送呈皇帝批阅，刘向自抄一份留底，社会上也辗转传抄。后来，刘向的儿子刘歆集中整理编成中国第一部综合目录——《别录》，这也是抄写的简书。古小说《拾遗记》中曾写汉安帝时人王薄，因家贫带着笔和简在洛阳街上摆摊卖字，王薄貌美吸引了许多求书的人，男人送他衣物，女人送他珠玉，一天之内，收入满车衣物珠玉。这是当时一种“佣书”行业了，虽然是小说，但也是实际生活的反映。三国时，吴魏在外交活动中，为加强双方友好关系，魏国曾组织人用纸和帛分别抄写了两套《典论》送给吴国的孙权和张昭，这是一次规模较大的抄书活动。南北朝南齐人庾震因父母双亡，无力营葬，尽力去为人抄书以致使手残废，可见抄书的繁重。南梁的沈崇素幼年丧父，成人后就为人抄书以取得报酬养母。有不少抄书人在抄书过程中，因有机会读到很多书而终于成为学者。南梁的王僧孺和朱异都是当时著名学者，他们的成就途径便是“既笔耕为养，亦佣书成学”，靠着为人抄书而遍览经史。随着纸的普遍使用，人们对知识的渴求，除了受人雇佣抄书得酬外，也出现了一些以抄书，甚至抄大部头书求售的书贩。南北朝时扬州有一书贩，雇了一批人抄了一部七百多卷的大类书《华林遍略》，向北朝的东魏大将军高澄出售。高澄很喜欢此书，但又不愿出钱收购，于是召集一批书手用一日一夜的时间偷抄了一部，将书退还书贩，这件事固然可见高澄的狡诈，但用一日一夜抄毕七百卷书，用人当然不少，由此又可见从事抄书行业的人已有相当的数量。《文心雕龙》是中国著名的文学理论著作，但成书后未能得到社会承认，它的作者南朝的刘勰希望当时有声望的学者沈约能给以评定；但沈约地位很高，无法求见，于是抄了一部《文心雕龙》，装作书贩，背着自己的著作在路上等沈约的车子过来时求售，果然引起沈约注意，取来读后，十分推崇此书的价值。这是为自己的著作求得知音而采取值得同情的行动，但也反映社会上抄书卖书已是常见的活动。隋统一南北以后，很快注意到文化建设，文帝即位之初就派著名学者牛弘领导整理国家藏书，其中一项重要工作便是把陈朝官藏图书中纸墨书写不清，书法又拙劣的图书重新订正抄补。隋炀帝由于动用民力过甚，一直被后世所抨击，但他在文化建设上却是有功绩的。他很喜欢图书，所以即位之后便派著名目录学家柳䛒(biàn)主持进行一次规模空前的图书整理活动，其中最繁重的一项内容是从官藏的重复杂乱的三十七万卷书中精选了三万七千万卷作为国家的标准藏本；又组织大批善于书法的书手每种书抄五十副本，分为三个层次，收藏在长安和洛阳的宫廷和政府部门。三万七千万卷抄五十个副本，其工程之浩大，可以想见，这是一次空前绝后的抄书活动，因为以每卷书千字计，就有三千余万字，再复抄五十本，便共达十五亿多字，在此前没有这种活动，在其后，由于唐代以后逐步使用雕版印书，抄书除《永乐大典》和《四库全书》有较大规模外，都是私人的零星活动。而《永乐大典》和《四库全书》的抄书总量估计亦逊于隋。

抄书活动为传递和传播文化付出了艰辛的劳动，但其劳动量过于繁重，耗时较多，而且辗转传抄，极易出错。雕版印刷正是应这种社会需求而出现的。雕版印刷的出现，减轻了劳动强度，缩减了成书时间，增大了成书量，降低了错误率，使中国文化的传递与传播加速了进程，加大了覆盖面，为世界文化的发展提供了重要的发明，被列为中国四大发明之一，实无愧色。

那么，雕版印刷究竟始于何时？学术界对此有始于汉、始于六朝、始于隋和始于唐种种不同说法。一种发明，往往有一个较长的从酝酿、雏型到成功的过程，一定要截然划定具体时间是比较难的。根据文献记载和现存的实物，大致可以定在唐朝。但对始于唐也还有时间先后的不同看法，有人主张早在太宗贞观十年(公元636年)左右，有人则主张在僖宗中和二年(公元882年)前后，其间有两百余年之差距。经过专家从印玺、石经的摹刻、印刷的必备器材和文献记载等方面考定认为：中国雕版印刷术大概起源于公元7世纪初年，公元8世纪市场上出现了印纸，公元9世纪不但文献记载更多，敦煌发现的实物也不少，成都已经是全国的刻书中心。这个说法所提出的论据比较可信，但不一定正在贞观十年。现存最早的雕印品实物是唐懿宗咸通九年(公元868年)四月十五日王玠为父母消灾祈福而出资雕印的《金刚般若(bō rě)波罗蜜经》一卷。这卷经是1900年在敦煌千佛洞发现的。全经由一页扉页和六页篇幅相等的经文粘连而成，长十六尺，高一尺，是卷子本。卷首的扉页是释迦牟尼佛在给孤园的莲花座上对长老须菩提说法图，布局严谨，刀法纯熟，图画镌刻精美生动，经文字体也端庄凝重，深厚劲拔，是一件异常精致的艺术品，从卷末所镌“咸通九年四月十五日王玢为二亲敬造普施”和雕印品的技巧成就上推测，可知雕版印刷术大约在公元8世纪左右已经发明，经过不断的改进和提高，到公元9世纪已经达到相当高的水平了。令人愤慨的是，这件国宝和其他敦煌古写本几千卷竟在1907年都被英帝国主义分子斯坦因劫窃而去，收藏于伦敦博物馆已逾半个世纪以上。

现存国内最早的雕版印品是1944年在成都东门外唐墓中发现的成都府成都县龙池坊卞家雕印贩卖的《陀罗尼经咒》梵文经本一片，大约一尺见方。首行题《唐成都府成都县龙池坊卞家印卖咒本”，可见当时已有公开出售的雕版印品。该件中央刻一小佛坐像在莲花座上，外刻梵文经咒，大部分是古梵文。咒文外又围刻小佛像，雕印时间虽无直接根据，但唐代成都设府在肃宗至德二年(公元757年)，此件不会早于公元757年。唐朝雕印品除佛经外，主要是民间日用的历书、字书和一些杂书。现存最古的唐僖宗乾符四年历残片和中和二年印有“剑南西川成都府樊赏家历”字样的历书残片。这些古历都已流散国外。中和三年著名藏书家柳仲郢的儿子柳玭(pín)曾在成都书铺看到许多印本书，其中有阴阳杂记、占梦、相宅、字书等民间用书。这种书印刷质量较差，但在书铺中公开发售多种日用书，也在一定程度上反映了雕版印刷这一新技术已经比较广泛地被应用。

唐代雕版印书主要在四川、淮南等地，尤以四川成都地区为全国的刻书中心。根据已经发现和见于文献记载的早期雕印本，如佛经、历书、杂书和工具书等推断，成都很可能是雕版印刷的发源地。当时四川的政治、社会情况都比较安定，经济发达，又有丰富的造纸资源，而成都又是四川的政治、经济中心，因此成为中国雕版印书业的先进地区。

唐朝的雕版印书从现存实物和文献记载看，主要是佛经和民间用书。由政府正式刊印儒家经典则从五代开始。

五代的后唐明宗长兴三年(公元932年)，在宰相冯道和李愚等人的建议下，决定依照石经文字，刻印九经，并派专人负责，认真写刻。根据文献记载，这一首次刊印儒家经典的活动很受政府重视，有以下几点值得注意：

1. 这次刻经活动是由宰相建议，由国子监有学识的人员负责组织执行。因为是国子监具体经管，所以后世称这次刊本为“监本”。

2. 依据的底本是唐开成石经，这是当时最好的官方标准本。

3. 原石经本有经无注，监本则兼有经注，成为经注合一的定本。

4. 雕印前经过认真勘校工作，先将石经经文与六朝注本合为一编，再经五六个专家学者精勘细读，审核无误，由专门书手以楷书誊录后交匠人雕印。

5. 后唐明宗对开雕九经很重视，除选派专门学者多人参加外，还在政治、物质等方面给以种种优待，使这项浩大工程得以顺利开展。

这项浩大工程，历经唐、晋、汉、周四朝二十一年，直到周太祖广顺三年(公元953年)始告完成。所谓九经是：易、诗、书、三礼和春秋三传共九种，但当时所刻不止这九种，还刻有《孝经》《论语》《尔雅》附以《五经文字》《九经字样》，共十四种，与开成石经种数正同。这是官刻经籍的开始，这份刻印本就是宋人所称的"旧监本"或"五代监"本。刻印的形式是经文用大字，每行约十六字，注文用双行小字，每行约二十一字，沿用了旧写本的格式，可惜后来都亡佚了。除此之外，五代还有一些刻印书籍活动，其中著名的有石晋宰相词人和凝，除刻印《颜氏家训》外，又自写自刻自己的文集数百帙分送给人，这是自刻所著之始。

十国的刻印书活动也较频繁，后蜀的成就较大，除了仿照五代刻印九经而有蜀刻《九经》外，宰相毋昭裔(公元934~965年)因少年时家贫，借书困难，显贵后曾出私财办学馆，并刻印《文选》《初学记》和《白氏六帖》等大部头书。这是私人自费刻书之始。其他南唐、吴越等国也都有刻印图书和佛经的活动。这不仅有益于雕版印刷的改进和发展，对推动文化也颇有贡献。

宋朝是雕版印刷事业非常重要的发展时期，刻书范围拓广,几乎遍及所有图书部类。从中央和地方政府直到民间、私人都参与了刻书活动,而对刻印书校勘、装帧工作的重视都超越前代。从宋朝建国之初(公元960年)到真宗景德二年(公元1005年),前后相距不过四十余年,而国家所藏雕刊版片便由四千块增至十余万块,增长了二十多倍,可见发展速度之快。它先后刻印过若干大书,如从宋太祖开宝四年(公元971年)至太宗太平兴国八年(公元983年),历时十二年刻印成全部汉文大藏经,共十三万块版,五千零四十八卷,四百八十函,名《开宝藏》。这是我国第一次刻印发行的佛教总集。宋仁宗嘉祐年间完成了十七史的刻印。集部当以《文苑英华》为代表。

宋朝不仅发展了雕版印刷事业,而且非常注意雕印工艺,许多学者也研究版本问题,逐渐建立了版本学这一专学,对各种图书版本的发生和发展的历史,对各种图书版本的异同优劣,对版本的各项工艺等等都进行研究,出现了尤袤《遂初堂书目》的版本目录,许多有关版本的论述散见于不少学者著述之中。"宋版书"成为后世珍惜宝藏的珍本、善本了。

但是,雕版印刷由于版片笨重,雕版费时费工,保管需要专库,因此历史的发展就要求印刷工艺的创新,活字印刷便应运而生。活字印刷的发明时间约在宋仁宗庆历年间(公元1041~1048年),比德国人谷登堡的铅字印刷要早四百多年。宋朝的活字印刷是由一位能工巧匠毕昇所发明,他用泥做成活字烧制，平时把烧制好的活字按韵排列，放在格子里备用，印书时检字排版，用后拆版，按格归还活字，再用再检，常用字多准备达数十个，冷僻字按需要临时烧制付排。毕昇可能用这套泥活字印过书，所以感到印数十万千本时，极为神速，可惜他所印的书未见流传，而记载这件事情经过的仅有宋人沈括所撰的笔记《梦溪笔谈》，而不见他书记载，以致后来有某些外国别有用心的人认为这只是设想而无实用价值，认为泥活字不能印书，借以否定中国四大发明之一的印刷术。可喜的是，在近八百年以后的清朝道光年间竟有人用泥活字成功地印行了多种图书，如道光九、十年间，苏州人李瑶用仿宋胶泥活字先后两次印行温睿临的《南疆逸史》；道光十二年，李瑶又用胶泥活字摆印了《校补金石例四种》，可惜由于文献缺乏，我们对李瑶生平没有更多的了解。与此同时，安徽泾县一位穷秀才翟金生的成绩更为卓著。翟金生家境贫寒，看到社会中下层人士的优秀著述往往因无力雕印而被埋没，便不顾家徒四壁，动员全家从事泥活字的制作，经过三十年的潜心研究，摸索出选模、做字、烧炼和修刮等一系列制作泥活字的方法，并亲手制作了各种规格的仿宋泥活字十万多个。他从道光二十四年开始刊印自著《泥版试印初编》《续编》、黄爵滋的《仙屏书屋初集》和翟震川所修《水东翟氏宗谱》等书多种，都是字画清楚可读。翟金生使八百年前泥活字的创制得到复活，不仅其刻苦坚韧的献身精神值得赞扬和敬佩，而且以泥活字印书的实践证实沈括《梦溪笔谈》所记毕昇发明泥活字印刷确有其事而非设想，严正地驳斥了某些诬词滥调，奠定了中国发明印刷术的历史地位，这又是一桩爱国壮举。事实上，在毕昇之后的两百年，元代学者姚燧曾命其弟子杨古按毕昇泥活字版法做活字刻印过《近思录》和《东莱经史说》等书，流传四方，但因使用范围不广，未能引起注意。

元代对后世颇著影响的是木活字印刷术。元代木活字印刷术创自《农书》的作者王祯。王祯在元成宗时曾任安徽旌德、江西广丰等县知县。他根据多年推行农业的经验，精心思考，撰成《农书》三十万字。他在旌德县任时就想印行此书，但感到字数多、部头大，雕印费工费时，所以请工匠造木活字三万多个，但是由于《农书》已被人雕印，没有用这批活字来印，这批木活字却用来印行《旌德县志》。《旌德县志》共六万字，不到一个月，就用木活字印成了百部，证明效率甚高。王祯还写过一篇《造活字印书法》，附在《农书》之后，内容包括写韵、刻字、锯字、修字、造轮、取字和印刷等工序，是中国印刷发展史上的重要资料。除木活字外，元代还有过泥活字和锡活字。

明代是活字印刷盛行的朝代，遍及江苏、浙江、福建、江西、云南、四川等省，经史子集各类图书皆备，质料有铜、铅、木等。它使中国的印刷事业走向成熟，而对文化的传播、传递都产生良好的效果。明代以铜活字印刷著称，最早的是无锡华燧(公元1439~1513年)的会通馆，曾在弘治三年(公元1409年)印行了《宋诸臣奏议》，因缺乏经验，印制不精，但它是目前国内见到的最早一部金属活字印本。以后又印行了《锦绣万花谷》《百川学海》《十七史节要》和《文苑英华辨证》等著，是明人铜活字印本数量最多的一家。华燧的侄子华坚在明武宗正德年间也以“兰雪堂”书坊名义印行了不少铜活字本的书，如《元氏长庆集》《春秋繁露》和《艺文类聚》等书。另外，居住无锡胶山的东南巨富安国因喜爱桂树，在所住山岗种植桂树绵延两里多，而以“桂坡馆”命名他的书坊。他印行了《颜鲁公文集》《初学集》等书。安国印书比较认真，错误较少，虽数量不如华氏，而质量优于华氏。

明代除铜活字印本外，木活字印本也比较流行，印行范围较广，除一般用书外，还印家谱、邸抄等。

清朝大量利用活字印书，雍正三四年时由武英殿修书处用铜活字印行《古今图书集成》一万卷，共一亿六千万亿字，成为篇帙最大的铜活字印本书。乾隆时又用木活字印行了《武英殿聚珍版丛书》一百三十四种，两千三百余卷。聚珍版就是活字版，因为“活”与“死”是一对词，皇帝忌讳死活，所以把每个活字视为珍物，而摆印活字便称为聚珍。这次活字印刷在工艺上有明显的改进。

1. 在刻字工艺上，改变了王祯先在整版上雕字再锯为单个活字的方法，而是先锯好大小式样相同的木块，然后贴字样刻字。

2. 在排字工艺上，使用标明部类笔画的排字柜，易于检用。

3. 采用雕版与活字摆印相结合的办法，把需用的相同底板的框格栏线先雕版印好，然后将活字正文等置于版槽，套印在印好的框格中，这样每版的框格不是活字线条摆接，就不会出现缺口和歪斜，而是严丝合缝，省工省事。

《武英殿聚珍版丛书》印行后，主持人金简把印书全过程和所积累的经验著为《武英殿聚珍版程式》，分列条款并附插图和详细说明，不仅为当时官私印书者所仿效，也为后世留下了珍贵文献。

在雕版和活字印刷发展和完善过程中，印刷工艺在不断改进，其突出而有阶段性价值的莫过于明代的套版彩印和饾版拱花技术的出现。明代一般图书为吸引读者购买而盛行插图，有的插图还出自名家之手，如仇英的《绘图列女传》被称为艺术精品。有的印本有大量插图，如《三国志演义》有一种刻本，绘图多至二百四十幅。到万历以后，戏曲、小说一类的图书几乎都有插图。为了使图画能以不同颜色来区别不同的表现内容，在印刷工艺上就发展了套印。

"套印"在明以前已开始应用，早在元顺帝至元六年(公元

1340年)，湖北江陵资福寺所刻无闻和尚的《金刚般若波罗蜜经注解》便是套印本，经文红色，注文黑色，卷首的灵芝图用朱墨两色套印。这是现存最早的木刻套印本。在明以后一二百年，套印术并未盛行，直到明代后期才又广泛流行。万历后期刊印的《闺范》一书便是套印本。明末吴兴闵氏和凌氏不仅有两色套印，还发展到三色套印和四色套印，成为明代印刷事业的重要特色。套印由于套印时必须版框严密套合，版面方能吻合，所以又称它为“套版”。

饾版是明代改进印刷工艺的一种发明，它是复制美术图画的办法。饾版发明以前印刷美术图画时用几种颜色涂在一块雕版的不同部位后上纸刷印，这样往往出现相邻颜色互相浸润的情况，使图画不美观。明代后期发明了饾版，把一个画面分成若干块版，每块版只是整个画面的一部分，分别刷上所需的不同颜色，然后按适当位置逐个印在一张纸上，就能完成有不同颜色的画面。

“拱花”是明代改进印刷工艺的另一发明。它用凹凸两块版，把纸夹在中间互相嵌合，压出凸起的花纹，以表白云、流水和花叶的脉络，极为精美生动。天启七年(公元1627年)，安徽休宁人胡正言用此法印过《十竹斋画谱》；崇祯十七年(公元1644年)，他又兼用“饾版”与“拱花”两种工艺印行《十竹斋笺谱》，笺纸上出现周鼎商彝、古陶汉玉、山水人物、花卉羽虫等等颜色精美、具有立体感的画面，至今看来，它的精湛艺术水平，仍令人赞叹不已。

雕版、活字、套印等的发明，标识着中国印刷术的三次重大跃进。它为世界印刷文化起了重要的先导作用。它的不断改进与发明为文化成果的保存和文化遗产的传播与传递提供了良好的前提。它为中国文化，甚至世界文化的发展都作出了重大的贡献。

官藏与私藏

中国最早的藏书是官藏，根据一些古代文献记载的设官情况推测，周朝以前可能有主管或兼管图书的人员，但正式建立国家藏书机构和有正式主管人员还是在周朝。《史记·老庄列传》中说，老子曾任周王室的“守藏室之史”，藏室应指图书馆的雏型，守史当是主管图书人员。这个“藏室”当时已经对外开放，可以提供参考资料。史书曾记载孔子问礼于老子的故事，“礼”是当时社会的生活准则，是古代调节人与人之间怎样和谐生活的依据，孔子想了解这方面的问题而缺乏资料，所以就到周去向主管图书的老子请教。当时政府的藏书主要是史书，是各国的史书。孔子写《春秋》时就曾到周朝的藏书机构去查阅资料，可见周的官藏已比较丰富，可能已是当时各国的藏书中心。各诸侯国也都有藏书，如周景王曾问晋国的籍谈：“你知道你为什么姓籍？”籍谈答不上来。景王说：“因为你的高祖主管晋国的‘典籍’，所以你才姓籍。”可见晋国也已有藏书。到了秦朝，设御史一官来主管图书，秦始皇焚书便是对官藏的一次清洗。从西周到秦都有藏书机构来典藏图书，虽然没有统一名称，但见于记载的有天府、盟府、策府、周府、公府、府、周室和室等不同名称。

周秦时期，虽以国家藏书为主，但也逐渐出现私人藏书。私人藏书与私学的兴起有关。周朝后期，以政府官员为师的官学被孔子等人私人讲学所打破，孔子弟子三千便是私学培养的一大批知识分子，当时称为“士”。春秋战国时期，各国都在分立争雄，各个政权为巩固和壮大自己，很需要有才识的“士”，这就推动了私人讲学活动。私学的兴盛使图书也开始由官方传入民间。一些“士”为了谋求利禄，便针对社会亟待解决的问题，根据自己的学识，提出种种对策来取悦国君，因而需要大量图书来丰富自己，充实自己的论点。如苏秦曾到各国去发表自己的政治见解来说服各国国君，希望能挤进各国的政治集团，但他没有达到目的，回家遭受到家庭的冷遇，于是“陈箧(qiè，箱子)数十”，发愤读书。这说明苏秦有私藏图书数十箱。当时还有一位著名的名学家惠施有简书五车，这就是后世“学富五车”故事的来源。《韩非子》的《喻老》篇中讲到有个名叫徐冯的人曾对人说过“智者不藏书”的话，也可见私人藏书已非个别现象。“藏书”这一词语可能最早见于此。

私人藏书对保存图书有过重要作用，秦朝焚书，官藏大多被毁，而散在私人手中的便易于保存，所以司马迁在《史记》中分析汉初许多书重新出现的原因是：“诗书所以复见者，多藏人家。”

汉朝建立之后，由于秦朝焚书的影响，图书仅有易卜等书，所以一改秦的败政，广开献书之路，大量收集图书，号召民间献书，开放私学，虽取得一点成效，但民间经秦火之后，心有余悸，还不敢公开自己的藏书。惠帝四年又进一步放宽政策，正式宣布废除过去的“挟书之令”(私藏有罪)。文、景两代继续执行这一政策，于是“天下众书往往颇出”。这是西汉的第一次搜集图书。

汉武帝为实现汉帝国的大一统，措施之一是从图书入手来统一思想，但在检查过程中发现国家藏书已损坏到“书缺简脱”的严重程度，于是决定开展大规模征集图书的活动和改进藏书管理工作。元朔五年(公元前 124 年)命丞相公孙弘广开献书之路，大合天下之书。这一求书措施得到了广泛响应，不久就达到了“积如丘山”的程度。这是西汉第二次搜集图书。

此后又经过百余年，到汉成帝时，国家藏书又颇多散亡，于是在河平三年(公元前 26 年)就派了一个名叫陈农的官员到全国各地收集图书，一面又组织专人整理，加强管理。这是西汉的第三次搜集图书。

经过三次搜集图书的活动，西汉的国家藏书数量约达一万三千二百六十九篇卷，这指所藏的完整本而不包括残缺本。有大量的图书便需设立藏书机构，西汉的官藏机构有石渠阁、天禄阁、麒麟阁、兰台、石室、延阁、广内等处；太常、太史、博士、太卜、理官等部门也都分别有藏书之所。

西汉的学者也都有私人藏书，如刘向、班斿(yóu)、扬雄都有藏书。西汉末年，王莽篡权，一部分不肯合作的人便带着图书到山林中去隐居，也可以证明私人有藏书。

东汉建立后，光武帝号召献书，原先逃隐的人都纷纷到京师献书，又经过明帝和章帝两代的求书，到了东汉中叶，国家藏书量比初期增加近三倍。国家的藏书处所有辟雍、宣明殿、兰台、石室、鸿都宫、东观和仁寿阁等七处。桓帝延熹二年(公元159年)，创置了中国封建中央政权中第一个正式主管图书事业的机构——秘书监。由于这一创置的意义重大，所以范晔在撰写《后汉书》时，特把它写进《桓帝纪》中。

东汉时私人藏书家比以前增多，著名的有杜林、班固、蔡邕和华佗等，其中以蔡邕最为著名，他是中国第一个藏书近万卷的私人藏书家。《三国志·王粲传》中记载这样一个故事：有一次蔡邕请客，王粲求见，蔡邕因为王粲是位才华横溢的后起之秀，所以匆忙去迎接，以致把鞋子都穿倒了，给后世留下了“倒履相迎”的成语故事。客人们非常诧异，蔡邕特别介绍了王粲是异才，自己还不如他，并表示要把全部藏书文稿都赠予王粲。蔡邕有权赠书，充分证明这是私藏。

魏晋南北朝的各朝都比较注意收集图书。魏袁涣曾向曹操建议广收图书，作为教化百姓、招抚群众的工具，曹操很重视这一建议，在统一北方过程中就大力搜集图书。公元200年官渡之战曹操击败袁绍后，就把袁绍全部图书收归魏有。曹魏还建立秘书、中、外三阁作为国家藏书处所，并设立秘书令、秘书丞等一套官员来主管图书。蜀和吴也都很注意图书的收集与典藏。三国的一些学者已由单纯收藏进入整理，提高藏书的设备和质量。曹魏有一个名叫曹曾的人为了收藏自己的图书就修了一个石窟，称为“曹氏书仓”。他既然能自建书库，必然有一定数量的藏书。著名玄学家王弼是当时藏书万卷的大藏书家。蜀国丞相长史向朗不仅藏书量居蜀藏书家之首，而且还亲自对所藏书“刊定谬误”，开后世藏书家校勘图书的先河。

西晋统一后，就把魏、蜀、吴三国的图书收集起来，各地也向中央献书。国家官藏数量有所增加，据文献记载，晋武帝时的国家藏书量达两万九千多卷。但是，西晋后期，社会动荡，战乱频仍，国家藏书，丧失殆尽。东晋建立后，作了一些努力，但收效不大，国家藏书仅有三千多卷，又经过五十多年，到孝武帝太元十六年(公元391年)，才勉强恢复到三万余卷。

两晋的私人藏书比较盛行，著名学者张华藏书甚富，据说他搬家时就“载书三十乘”。有些学者还开放自己的藏书，如范蔚经三世搜求，藏书有七千多卷，他允许别人来阅读自己的藏书，远近来读书的人经常有百余人，范蔚还为一些贫寒之士经办衣食。东晋的殷允、郗俭之等也都被称为“多书之家”。

南北朝时期，南朝的宋、齐、梁都很重视图书收集工作。宋有官藏图书一万四千余卷，齐有一万八千多卷，梁的初期有两万三千多卷，而到梁元帝时，前后不过五十年，官藏量达十万多卷，增长速度不可谓不快。陈立国日浅，国力衰颓，无暇及此。北朝的北魏、北齐、北周是当时的少数民族政权，虽有一定程度的汉化，但终究不如南朝。南北朝的各个政权都基本沿袭魏晋旧制，设立主管机构和专业人员。

这一时期的私人藏书也由于纸写书的流行而较前有所发展，出现了不少藏书万卷以上的藏书家，著名学者陆澄、任昉、沈约等都藏书三万卷左右，所藏还多世人罕见的书。这些藏书家不仅只是秘藏，而且还允许他人借阅，甚至如南齐的崔慰祖聚书万卷，邻里少年到他家看书，他都亲自检取出借，满足要求，做好服务工作。北朝学者辛术、李谧等人也都藏书较多，但因得书困难，私藏量逊于南朝。

隋统一后，文帝很重视收集图书和提高藏书质量的工作。他认为陈朝的官藏图书质量低劣，便进行整理、完善，招募善书之士重新抄写正副本；又运用政治和经济(赏格)手段求书，各地献书很多，所以隋初官藏量达到三万余卷。文帝死后，炀帝继位，后世对炀帝贬辞甚多，但他对完善、充实国家藏书却毋庸置辩地作出了卓越的贡献。第一，他增加了复本量，每书有五十个复本；第二，按图书质量分类管理，当时把图书分为上、中、下三品，上品用红琉璃轴、中品用绀琉璃轴、下品用漆轴以示区别；第三，按图书内容分库典藏，在洛阳观文殿修建书库，东厢存经史书，西厢设子集书；第四，精选库本，炀帝曾派学者柳䛒在嘉则殿从国家藏书中挑选好书、精书、完整本三万七千余卷运到洛阳，藏在修文殿作库本。炀帝对提高官藏图书质量所做的成绩不容抹煞，更不能因其过而没其功。隋的私人藏书以学者许善心、柳䛒二人为著名，他们都藏书近万卷，并参用自己的藏书进行目录编纂工作。许善心的私撰目录《七林》和柳䛒的官藏目录《隋大业正御书目录》都是古典目录书中的名作，可惜其书不传。

唐建国之初，首先把隋在洛阳的藏书用船运到长安，不幸在三门峡附近遇难沉没，只打捞到一小部分，所以唐初官藏量不多。经过几代皇帝的征书活动，到了玄宗时期已达八万多卷。唐朝在征书的同时还建立了一套比较完整的管理机构。主管图书工作的是秘书省，由秘书监领导，有秘书郎四人分管四部图书。值得注意的是，在秘书省的编制中正式出现装潢匠、熟纸匠、笔匠等工匠，证明唐朝十分重视官藏的增补藏书工作。唐玄宗在开元时期曾在长安和洛阳同时进行了一次大规模的抄书、校书工作，仅洛阳乾元殿抄书即达五万多卷，并准许百官到乾元殿去参观阅览，虽然读者有一定范围，但它终究是开放官藏图书的一个良好开端。这次大规模的抄、校书活动不仅对唐朝的官藏图书的质和量有所提高与增广，更重要的是对唐以前文化进行了一次总结性工作，许多古代文化遗产借这次抄、校书而流传下来。但在开元以后，由于政治不稳定，战乱不断发生，图书事业有起有落，官藏散佚毁损严重，到了唐末，官藏图书量急遽下降，几乎已难及万卷了。五代十国时期，虽然有几个政权如南唐、前蜀藏书较多，但其他都无甚起色，已经难复旧观了。

不过，由于唐代经济比较繁荣，图书制作手段也有显著发展，所以私人藏书也一时称盛。著名学者文人藏书万卷以上的有十五六人之多。如唐玄宗时的史学家吴兢家藏一万三千四百余卷，并自编了《吴氏西斋书目》一卷。另一个藏书家杜暹因为吝啬不愿借书而留下话柄。杜暹在所藏各书上都题三句话："清俸买来手自校，子孙读之知圣道，鬻及借人为不孝。"第一句话是说我用很微薄的收入买来的图书都亲自校正过了；第二句话说我希望自己的子孙读了这些藏书都能知道圣人的道理；第三句话警告子孙卖书和把书出借都是不孝的行为。杜暹聚集私藏的艰辛是值得同情，为使子孙知书明礼也是可以理解的，不允许卖书更是应该的，但借书给人便是不孝，未免言之过甚，而且又过于自私了吧!唐后期的柳仲郢，私藏颇有特色，他藏书万卷，每书必写三本：一本最佳留作库藏，一本较次是经常翻读的书，一本比较一般，供年轻子弟们学习。这三类书分架安放，不相混杂。唐朝最大的藏书家是自玄宗以来历仕三朝的李泌。李泌私藏三万余卷,分别用红、绿、白等颜色的牙质书签来区别所藏经史子集等书。因为李泌曾被封为邺县侯,所以后世多把藏书称为"邺架"。李泌精心收藏图书,当时在社会上得到很多人的赞赏,著名文学家韩愈还在《送诸葛觉往随州读书》一诗中专门颂扬李泌藏书:"邺侯家多书,插架三万轴,一一悬牙签,新若手未触。"意思是说邺侯李泌家藏三万卷书,每卷都有牙签,藏书完好如新,像没有人摸过一样,可以想见李泌藏书的繁富和精美。唐朝除了官藏、私藏外,还出现了私办官助的书院藏书。江西德安陈氏私办东林书院,藏书四千余卷,可供借阅。这是书院藏书的开端。书院藏书和官、私收藏日后成为中国的三大藏书系统。五代时也有一些藏书家,但不如唐代藏书家藏书量之多,最多的藏书量不过几千卷,没有十分突出的私人藏书家。

宋代国家藏书中心是昭文馆、集贤院、史馆和秘阁,这四个藏书处所统归于崇文院主管。宋太祖时,以史馆为藏书建设重点,太宗以后便以秘阁为藏书建设重点。宋朝国家藏书主要有四大来源:一是从五代十国接收过来,其中西蜀藏书量多质高;二是奖励献书,从太祖到徽宗曾多次规定得官给价的办法征书,凡献书多的量才任官,献书少的从优给价,不愿献者则借抄;三是以唐朝目录为准,向官员们提出缺书目录,多方募献;四是官修和新撰书都要上交样本,贮藏馆阁。由于多渠道征书,所以官藏书量颇有增多，据统计，北宋馆阁藏书的总数是六千七百零五部，七万三千八百七十七卷。北宋末年，由于靖康之乱，北宋一百六十多年的积累毁损殆尽，因此南宋便面临着重建图书管理机构和恢复国家藏书的任务。它首先恢复了秘书省的建置和工作，接着从各方面征集图书。著名藏书家、原任的高级官员和原主管图书的官员成为征集图书的主要对象；原藏书机构、出版印刷中心地区、寺庙等成为征集图书的主要地区和单位。由于采取了上述的有效措施，南宋的国家藏书遂得以逐渐恢复和发展。宋朝理学昌盛，讲学风气很盛，因而书院增多，南宋时有二三百处之多。为了理学家宣传和阐述自己的观点，也为了便于供应士子阅读，所以书院藏书崛然兴起，成为一大藏书系统。

宋代私人藏书较多，藏书家分布地区遍及边远和中原；藏书量少则数千卷，多则几万卷，而且数代聚书，绵延百数十年而不衰；藏书家有不少著名学者，对图书进行了保护校订整理工作，如北宋的著名藏书家宋敏求，藏书三万卷。他的全部藏书都经过校订三五遍，成为质量较高的藏书；南宋的晁公武，藏书两万四千多卷，都经过他的校订，并撰写有《郡斋读书记》的私藏目录；还有陈振孙也尽一生精力研究自己的藏书，撰成《直斋书录解题》。所有这些证明宋代的私藏活动已从单纯的典藏向学术研究领域大大地迈进一步。辽、金、夏各国虽都进行不同的藏书建设活动,但成效不甚显著。

元朝虽以蒙古族入主中原，但因不断受到汉文化的影响，对以传播汉文化为主要内容的图书仍给以一定的重视。元初的图书来源主要得之于宋、辽、金,而以从南宋得到的尤多。它不仅接收图书,而且还刮取书版重印图书,并曾两次下令求书,但收效不大。元朝建政后为安抚汉人儒士,鼓励建立书院。据统计,元朝新建书院一百四十三所,兴复五十六所,改建十九所,共二百二十七所。这些书院以讲理学为主旨,都有相当数量的藏书,有的书院还编有藏书目录。元朝的私人藏书家多为汉人,如著名画家赵孟頫就家富藏书。原为宋秘书省小吏的上海人庄肃,宋亡后隐居上海,亲自抄书聚书至八万余卷。河南辉县的张思明私藏图书三万七千余卷。元朝统治集团的重臣武将如耶律楚材和张柔等人都藏书近万卷。

明太祖灭元后,大将军徐达收集了元大都(今北京)所藏的图书典籍送至南京。这是宋辽金元的旧藏,多为宋元刻本和抄本,奠定了明朝的官藏基础。明成祖建都北京后,又把这部分书运回北京,藏于午门东新建的文渊阁中,同时还不惜代价派人四处求书。至宣宗时国家藏书约两万余部,近百万卷,其中刻本十分之三,抄本十分之七,达到了前所未有的藏书量。全部图书都贮藏在文渊阁。可惜自此以后,历朝皇帝都不加重视,甚至明世宗公然拒绝臣下抄补藏书的建议。由于皇帝不关心,管理不善，以致火灾焚毁，虫鼠啮蚀，官员盗窃，官藏损坏严重，日益走向下坡。明神宗万历三十三年清理文渊阁藏书时，现藏与原目相校，已是“十不存一”，唐宋善本“悉归子虚乌有”，所以当时一位著名学者感叹地说，长此以往，我们将回到结绳纪事的时代了。在图书毁损的同时，还有意识地削弱官藏的职能，如撤除历代相沿的秘书监这一管理图书的机构，把文渊阁藏书拨归翰林院典藏管理，取消了独立的国家藏书机构，形成明清两代有内府藏书而无国家藏书的现象。明朝书院遍设十九省，共有千余所，但并未受到重视，嘉靖以后还多次遭到废毁。它的藏书量尚不太少，一般都有数千卷。

明代的私人藏书很盛，特别是江浙闽广一带有若干著名的藏书家，如宋濂“聚书万卷”，杨循吉藏书十万余卷，王世贞藏书三万卷，其中宋版书逾三千卷，徐㶿藏书五万三千余卷。尤其是范钦的天一阁和祁承㸁的澹生堂更具特色和影响。范钦(公元1506~1585前)，浙江宁波人，明嘉靖十一年进士，累官至兵部右侍郎。嘉靖四十年在宁波月湖之西创建天一阁藏书楼，所藏达七万多卷，是浙东藏书最多的一家。所藏多为明人著述和明代新刊古籍，其中明代方志二百七十一种有百分之六十五是海内孤本，有登科录、会试录和乡试录三百八十九种，也都是仅见之本。这些藏书是研究明代政治、经济、人物和科技等方面问题的珍贵资料。天一阁藏书楼不仅楼式结构与周围环境的安排合理，而且对防火、防蠹、防潮等保护措施也很重视，清朝乾隆帝修建南北七阁时特命浙江巡抚派人摹写天一阁图样供建筑时参考。这座距今四百余年的藏书楼近年已修葺一新，成为现存最完整的古代图书馆。祁承㸁(公元1563~1628年)是明代后期的藏书家，浙江绍兴人，万历时进士，累官至江西右参政。早年藏书逾万卷，不幸遭火灾，焚毁殆尽，后又以非凡的毅力，重新收集，终于聚书十万余卷。他在丰富的藏书建设基础上提出了比较系统的藏书建设的理论——《澹生堂藏书约》，成为古代藏书建设的重要文献。

清沿明制，没有设立专门的国家藏书机构而分藏于内阁、翰林院及国子监等处。原有的国家藏书也因明清之际的动乱而散毁甚多，所以清初顺治至乾隆各朝都多次下令征书，但收效并不显著，乾隆中叶以后，为编辑《四库全书》，采取若干切实有效的措施，如皇帝御笔题词奖励，用官撰大书换献书，在《四库全书》总目注明献书人姓名等等，起到了重要作用，从乾隆三十七年正月到三十九年八月的两年半时间内，各地进奉的图书量达万种以上，使官藏得到较大的充实。在修《四库全书》的第二年(乾隆三十九年)即开始建阁以备贮藏《四库全书》的写本，先后建立了北四阁和南三阁。北四阁指紫禁城内的文渊阁、圆明园的文源阁、热河避暑山庄的文津阁和沈阳故宫的文溯阁。建阁工程仿照范氏天一阁。文渊、文源和文津阁落成于乾隆四十一年，文溯阁的建成在乾隆四十七年。到四十九年，四阁先后贮藏《四库全书》一份。北四阁的藏书虽未公开开放，但它的建成和使用大大充实了华北和东北地区的国家藏书。南三阁指镇江金山寺的文宗阁、扬州大观堂的文汇阁和杭州西湖的文澜阁，分别建成于乾隆四十四年至四十九年间。至乾隆五十二年将《四库全书》写本三份陆续送到三阁。南三阁是允许士人到阁抄阅的，在传播古代文化方面起到了一定作用。清宫内还有一些藏书处，如昭仁殿的天禄琳琅收藏宋辽金元明五朝的善本书；坤宁宫后的摛藻堂和圆明园的味腴书屋分藏《四库全书荟要》各一部；养心殿的宛委别藏放置四库续收书等等。清代前期的书院藏书远不及宋明，后经康雍时期的恢复与提倡，由原来的五十一所增加到五百七十一所。这些书院大多具有官办性质，其藏书来源主要是官颁，辅以书院购置和私人捐赠，但终不能与官私藏书相比。清代私人藏书空前兴盛，据统计，清代著名藏书家有四百九十七人，几占历代总和的一半，如清初的钱曾、朱彝尊、黄宗羲，康乾时的阮元、黄丕烈、卢文招等。这些藏书家都是有成就的学者。他们的藏书质量较高，而且由于完善藏书，相应地发展了版本、校勘和目录等方面的专学。这些具有颇深学术造诣的藏书家对图书典藏、保护和传播文化都作出了卓越的贡献。

从六分到四分

一个历史悠久、文化遗产丰富的国家，随着文献积累层的增厚，势必不能容许杂乱堆积而无法区别和检用，那就如同军队的士兵如果不以师旅团营的层次加以编组，便成为散兵游勇，会因无法统驭而丧失战斗力。所以文献需要分类，有了分类就可以按照门类去查找所需文献，以探求其中的宝藏。

中国是最早实现文献分类的国家，公元前1世纪，汉代著名学者刘向父子就正式着手图书文献的分类工作。但在这以前，分类思想和学术分类都早已出现：我国最早的文献汇编《尚书》中就有典、谟、诰、誓等不同体裁的类别。古代的礼、乐、射、御、书、数是六种不同学科的分类。《左传》中记楚庄王赞扬左史倚相掌握三坟、五典、八索、九丘的知识，似已是指图书分类了。孔子对弟子的教育分为德行、言语、政事、文学四科，这又是一种学科分类。战国时期，诸子百家，纷起争鸣，各成流派，学术分类更盛，孟轲把当时的主要学术流派分为儒、墨、杨三家。《庄子·天下篇》分天下学术为七派。荀况不仅在《非十二子》《天论》

和《解蔽》等篇著作中介绍了不同的学术流派，而且还提出了“以类行杂，以一行万”和“同则同之，异则异之”的分类原则。这一见解说明了对于大量杂乱的东西只能按类加以编次，把相同的归在一类，不相同的按类分开，明白地表述了分类的意义和方法。学术分类和分类思想的出现趋于成熟，对传递、保存和利用文化遗产有重要作用，而由于它的影响，使中国成为世界上第一个正式进行图书分类的国家。

根据历史记载，汉朝开始正式由政府主持征集图书。公元前206年10月，刘邦率领部队进入咸阳，萧何就注意收集秦政府的“律令、图书”，不久，又广泛号召“献书”，大量的图书向政府集中。为了当时军事上的需要，就派萧何、韩信“序次兵法”，把搜集到的一百八十二家，取其精华和有实用价值的，编定为三十五家，使上古的军事文献得到了整理。第二次是汉武帝元朔五年(公元124年)，因为检阅国家收藏的图书，发现了“书缺简脱”的严重现象而开展了全国范围的征集活动与整理工作，结果收到了“书积如丘山”的良好效果。有一位名叫杨仆的军事方面官员从中整理了军事文献，编成一部军事文献类编《兵录》。第三次是在成帝河平三年(公元前26年)，当时由于国家典藏制度不够完善，图书散亡很多，于是一面派专人到全国各地征求，一面组织以学者刘向为首的学术力量整理国家所收藏的图书。经过二十多年的努力，终于产生了世界上最早的综合性分类图书目录——《别录》和《七略》。

《别录》和《七略》是把古代的分类思想应用于图书整理，提出了世界上最早的分类法，这对中国把珍贵的文化遗产进行有秩序的管理，代代相传和发挥它的社会效用不断产生着深远的影响。这一开创性的活动在中国文化史乃至世界文化史上都占有着光辉的地位。

《别录》的撰者刘向生于汉昭帝元凤四年(公元前 77 年)，约卒于成帝绥和元二年间(公元前 7 年)。他在汉宣帝时已是以“名儒俊才”被选拔到皇帝左右的知名学者。成帝河平三年(公元前 26 年)他受命领导整理国家藏书的工作。刘向的这项工作是对当时重要文化典籍进行了一次总结性的大整理，清理了汉朝政府开国两百年来的文化积累。刘向采取了专才校书和分类进行的整理办法。他按照图书内容和性质分成六艺、诸子、诗赋、兵书、数术和方技六个组，分别由专门人才主持。刘向亲自主持他所熟悉的六艺、诸子、诗赋三个组的工作；步兵校尉任宏主持兵书；太史令尹咸主持数术；侍医李柱国主持方技。这既发挥了专门人才的专长，又自然地形成了中国典籍的最早分类。刘向为了使所整理的图书便于皇帝审阅，又创制了为各书撰写提要的形式。这是介绍、推荐和流传文化遗产的开创性工作，成为中国古典目录的主要形式之一。这些提要，先言篇目次第，次言各种不同传抄简书相互雠校的经过和成果，最后叙述作者生平行事和著书的主旨。选用专才整理图书和创制提要目录是刘向对中国文化遗产的整理和传递作出的重要贡献。

刘向除把所写提要的正本随着整理好的图书送呈皇帝外，自己再另外抄留一份，当时的人也纷纷传抄，这些别行的提要汇集起来，便被称为《别录》，以区别于送呈的正录。《别录》在唐末五代时佚亡，现仅存辑佚文几篇。

刘向勤勤恳恳地工作了十九年，在即将完成全部宏伟事业时辞世。他的未完事业就由他的儿子和第一助手刘歆奉命继承。

刘歆大约生于汉宣帝甘露年间，卒于更始时（约公元前53~23年)。刘歆是一位青年学者，曾协助父亲做了大量图书整理工作。刘向死后，他把总结整理图书成果、建立系统分类目录的重任担当起来，在已有成果的基础上，用了大约两年的时间，撰成了中国第一部系统分类目录——《七略》。《七略》使国家的藏书有所统计，西汉以前的学术流派和科学文化水平也得到了应有的反映。

《七略》包括六艺、诸子、诗赋、兵书、数术、方技等六略和六略前的《辑略》。《辑略》是全书的总录，包括总序和各略的序，主要说明各类图书内容和学术流派。其余六略则是分为六大类著录图书的目录，这就是中国图书分类中最早出现的分类体系——六分法，比西方国家出现图书分类法要早千余年。

《七略》是以《别录》的提要为依据而迅速成书的。它在六略之下分种，种下有家，家下著录图书。全书除《辑略》外，共分六略(大类)、八十三种(小类)、六百零三家，共有书一万三千二百一十九卷。《七略》的重大贡献是把中国古代的分类思想具体地运用于图书整理，使西汉末年以前的重要典籍得到了比较系统的整理和著录。这对古代文化的保存与传递起到了重大作用。

可惜《别录》与《七略》在唐末五代动乱时期都已亡佚，使后世难以见到这两项重要文化成就。但是，它们对后世的影响却是不容漠视的。东汉初期的著名学者班固便是在刘向父子事业的影响下，对中国文化事业作出了重要的贡献。

班固生于东汉光武帝建武二年，卒于和帝永元四年(约公元 32~92 年)，字孟坚，今陕西咸阳人。班固是东汉初年著名的史学家和文学家。他的伯祖班斿曾是刘向整理文献工作的参与者和助手，曾向他讲述过刘向的事迹，对其影响很大。他的父亲班彪是位史学家，创编了中国第一部断代史——《汉书》。班固在继承父业完成《汉书》编撰工作中，就极力推崇刘向，把刘向列为“博物洽闻，通达古今，其言有补于世”的少数几位人物中；他还借用刘向的历史评论来论赞贾谊、董仲舒和司马迁等人。尤其是他把《七略》进行了剪裁和编次，编进他所撰的《汉书》

中，特立一《艺文志》，开创了在史书中收列图书目录的先例，形成了史志目录的新体制。

《汉书·艺文志》有一篇文字并不长的总序，但这篇总序却概述了汉前学术概况、汉初至成帝时图书的收集整理事业、刘向父子的学术成就以及《汉书·艺文志》的编成等，几乎可以看作是汉前的学术大纲。全志仍按刘向父子所创的六分法，分为六艺、诸子、诗赋、兵书、数术和方技等六略，略下分三十八种、五百九十六家、一万三千二百六十九卷。

由于《七略》自唐以后亡佚，所以《汉书·艺文志》成为查考古代文献记载的唯一文字依据，它不仅使后世能通过它了解古代文化学术基本面貌，还可以见到古籍的存亡流传。

魏晋以来，中国文化有了明显的发展与丰富，它不仅有外来佛经的传译，还出现了五言诗、乐府诗、文学批评作品、起居注、地方志和氏族谱等等表现中国文化成就的各种体裁，图书数量随之增多，于是相应地改革旧有的整理著录方式。曹魏学者郑默是继刘向父子以后正式为国家藏书进行整理的重要人物。他所编写的一部国家藏书目录《中经》，虽然久已亡佚，但从其他文献记载推测，郑默可能采用了四部分类的方法，把汉代的六分法改变为四分法。西晋时学者荀勖在郑默《中经》基础上，编写了一部《中经新簿》，即国家藏书的新编目录。它虽然也早已亡佚，但留传后世的记载比较详细，可以知道，荀勖的《中经新簿》用四分法来总括群书:1.甲部,纪六艺和小学等书;2.乙部,纪古今诸子、兵书、术数;3.景部(应作丙部,唐以后因李昞(bǐng)名讳,改称景部),纪史记、旧事、皇览簿、杂事;4.丁部,纪诗赋、图赞和出土竹书。《中经新簿》共收书一千八百八十五部,两万零九百五十五卷。它所分的四部事实上已是经史子集四大类,不过它的甲乙丙丁编次是经子史集。到了东晋李充编制《晋元帝四部书目》时,虽仍以甲乙丙丁编次,但所纪各书已按经史子集排序。它已正式确定了四分法,只不过没有用经史子集来标类名而已。

南北朝时,南朝各代比较注重文化,但政府在整理图书上没有什么建树,却出现了两位私家目录的撰者——王俭与阮孝绪。他们创用了七分法,撰写了《七志》与《七录》。

王俭是南朝刘宋的贵戚,字仲宝,今山东临沂人。他曾要求整理国家藏书,终于在刘宋后废帝时完成了《宋元徽元年四部书目》,与此同时还编了第一部私家目录《七志》。《七志》分七大类:经典志、诸子志、文翰志、军书志、阴阳志、术艺志和图谱志。从这一分类看,《七志》在分类上是有意改变魏晋以来的四分法,而标榜继承刘歆《七略》的传统。实际上意义并不大,一是刘歆的《七略》除了前面总序汇编的《辑略》外,只有六类,是六分法,王俭《七志》的七分是对《七略》分类的误解;二是《七志》的类名仅仅是《七略》的改头换面。试比照如次:

《七略》	《七志》
六艺略	经典志
诸子略	诸子志
诗赋略	文翰志
兵书略	军书志
数术略	阴阳志
方技略	术艺志

《七志》的撰者为了凑足"七"这一数字,又把本可按类分入各书的"图"单立一《图谱志》,以足《七志》之数,却又离开了《七略》的传统,而自创了七分法。

另一使用七分法的是南梁阮孝绪的《七录》。阮孝绪字士宗,河南尉氏人。他不像以前刘向父子和王俭等人那样。刘向等人有较高的政治地位,有权阅览国家藏书,又有助手帮助;而阮孝绪则是一位普通学者,缺乏许多必要的物质条件,所以他采取了利用别人成果加以总结继承的著述方法。他参酌刘歆《七略》和王俭《七志》而自定编纂条例,根据一些私人藏书目录与国家书目互校,汇集补正,编成《七录》一书。

《七录》分为内外篇:内篇有《经典录》《记传录》《子兵录》《文集录》和《术技录》等五录;外篇有《佛法录》和《仙道录》二

录。全书有五十五部、六千二百八十八种、八千五百四十七帙、四万四千五百二十六卷。《七录》是当时收书比较完备的一部综合性目录，每书都介绍了作者事迹和图书流传情况。《七录》序中较详细地说明它的七分和类名的确定，都是经过比较研究的，事实上它确比王俭《七志》的分类立名合理，如从当时史学文献数量的现实出发，他把史籍从附庸地位提到独立部类上来，专立一《纪传录》；又如在七大类下又分细类，对后世的分类有重要影响。《七录》应该是七分法的代表作，原书已亡，所幸后世尚流传《七录序》和所附的《古今书最》，使后人不仅得知《七录》的基本概况，而且还对梁以前的文献存佚情况能略得轮廓。

在阮孝绪撰写《七录》时，有一位名刘杳的文献学家也写了一部《古今四部书目》草稿，当他得知阮孝绪已着手编撰《七录》时，就毫不犹疑地把自己抄集的资料和所编草稿全部赠予阮孝绪以助成《七录》。刘杳这种不隐秘所得，成人之美的情操表现了一位学者的弘阔胸襟，可惜许多有关著述不加论及，致使刘杳其人其事不显于世。

约与《七录》同时，梁天监四年(公元 505 年)编写了一部国家书目，名曰《梁天监四年文德正御四部及术数书目录》，收书两千九百六十八帙，两万三千一百零六卷。这部书实际上采用了五分法，就是把术数一类从四部书中抽出来成为独立部类。这部术数书目录是由数学家祖暅(gèng)所编的一部专目。这种五分法一直未被采用,直到清末,张之洞编《书目答问》曾一度采用五分法,是在经史子集以外,又适应现实情况而增立一丛书类。

唐继隋后,出现了统一稳定的局面,社会经济有所恢复,文化事业得到相应的发展。这时出现了一部继《汉书·艺文志》之后的史志目录——《隋书·经籍志》。

《隋书·经籍志》按经史子集四部分类。四分法虽始于魏晋,但正式以经史子集为类名而流传至今的,当以《隋书·经籍志》为最早。《隋书·经籍志》分经史子集四部,部下分四十细类,计经部十类、史部十三类、子部十四类、集部三类,合四十类,各类都有名称。另附道、佛二部,计道经四类、佛经十一类,共合为六部、五十五类。但道佛二部有类无书,仅记总的部卷数而无具体书目,与前四部编制方法有所不同,因此,《隋书·经籍志》是一部四分法的目录,但仍残留着六分法的痕迹。

四分法至《隋书·经籍志》而地位确定,其排次顺序及类名也都为后世所遵循,清朝学者王鸣盛曾称道它的影响说:"唐宋以下为目者,皆不能违。"四分法影响后世最巨者莫过于清朝的《四库全书总目》。

《四库全书总目》是清乾隆朝纂辑《四库全书》时的相应成果。当时对采入或未采入《四库全书》的各书都撰有提要,所以在乾隆五十四年《四库全书》纂成时,《总目》也随之完成。《总目》的编者都是当时第一流的学者,如经部是戴震、史部是邵晋涵、子部是周永年、集部是纪昀,而由纪昀总其成。所以这部著作成为一部篇帙巨大、体例较备、内容丰富和具有一定学术价值而前所未有的名著。它按四部分类,计经部十类、史部十五类、子部十四类、集部五类。共收书三千四百六十一种、七万九千三百零九卷,存目六千七百九十三种、九万三千五百五十一卷。各部有总序、各类有小序、各书有提要,对 18 世纪以前中国的学术文化进行了一项总结性的工作,使四分法的地位益形巩固。直至目前,四分法依然作为古籍整理分类的基本方法,而经史子集的名称,成为人们对古籍的普遍称呼而被广泛使用。

唐宋以来,四分法一直被沿用,虽间或有所改动,如宋人陈振孙所撰《直斋书录解题》直接划分细类,而不标四部名目,但细审其各细类编次仍以四部先后为次。清人孙星衍所撰《孙氏祠堂书目》虽去掉四部大类,直接分为十二类,但细究其顺序也不过是四部的分化而已。20 世纪 70 年代后期制订的《中国古籍善本书总目》的分类表中也只是在四部之外增加丛书一部,合五部五十类。因此,四分法一直是对古代文献进行分类编目的主要方法。

从六分到四分,中间又有五分与七分以及其他大同小异的分类方法,虽各有不同的时代地位,影响也有所轻重,但是正是由于有这些分类的方法，才使得中国的丰富文化遗产得到有次序的编排,易于典藏,便于检索,使中国文化代代相传,绵延不绝。

流通与传播

文化知识和人类思想的传播主要依靠图书的流通，而流通手段正是图书有别于档案的重要条件。早在春秋时代，国家藏书曾有范围地开放，所以孔子可以到周的国家藏书处所去搜求关于“礼”和编写春秋的资料。进入战国时期，图书开始流传于民间，如韩国的韩非著书十余万字，但很快流传到秦，使秦始皇得以了解到韩非的才能。正是由于图书的流通与传播，活跃了当时的学术思想，从而形成了各种学术流派。百家争鸣局面的出现与此也不是毫无关系的。秦简之在云梦发现证明简书的流通。汉初的许多学者如贾谊、司马相如、疏广、扬雄等都是博览群书的饱学之士。他们不仅读自己的藏书，也可能向他人借书读，因此，图书在士人之间流通；有些经学大师，还利用自己的藏书传播经学，培养了许多经学家。东汉时，图书已经成为在市肆流通的商品，当时有位大思想家王充，曾撰写过《论衡》一书，是中国哲学思想的珍贵遗产。他年少时家贫无书，经常流连在洛阳的书肆中，阅读书肆中所卖的书，因为资质聪明，一读就能记忆，终于“博通众流百家之言”，成为大学问家。另一位史学家荀悦，曾撰写史学名著《汉纪》，也是家贫无书，依靠诵读书肆中简书而成才。图书通过书肆这一流通渠道，传播文化，并培养了人才。这可能是书肆主人始料未及的。当时图书的流通主要靠抄写，所以社会上就出现了专门以抄书为业的佣书人，如著名外交家班超少时家贫，于是为官方抄书得钱养家，后来感到抄书厌烦，便丢弃佣书工作，参加通西域的工作，为后世留下了“投笔从戎”的故事。

魏晋南北朝时，图书量大增，学术思想也比较活跃，各种文化都有发展，迫切需要流通，加之晋以后，纸写书盛行，图书流通更有条件，抄书成为一种使图书流通、文化传播的主要手段，佣书也成为一种专门行业。许多人在佣书过程中又读了书，终于造就成博览群书的学者。如三国阚泽就是通过抄书工作而“究览群籍，兼通历数”；东晋的和尚僧肇早年因佣书而“历观经史，备尽文籍”，后来成为鸠摩罗什翻译佛经的主要参与者。有的人一生从事佣书，并以自己的劳动使家道中兴，如北朝的刘芳家中困窘，但工于书法，便为人抄书换钱，后来为和尚写经论，一年可收八百余匹缣帛，辛劳几十年，使家庭经济状况得以改善。有的抄书去卖，或者专做书贩，如南梁傅昭十一岁时便随外祖父到南京去卖日历。无论佣书或贩书都对当时图书的流通和文化的传播作出了贡献。

除了国内流通、传播外，魏晋以来还发展了对国外的交流，如三国孙吴曾派康泰、朱应出使扶南(今柬埔寨)，经历和听到了百多个国家的情况，于是康泰著《外国传》、朱应著《扶南异物志》，把海外见闻传播到国内。当时这种情况不少，《隋书·经籍志》中著录了记载外国史地情况的著述有几十种。当时中国书籍也有不少传到日本和朝鲜，如西晋时，《论语》就传到日本。南北朝时，中国文化典籍如《五经》《千字文》等都由朝鲜传往日本，对日本封建文化的发展产生了相当大的影响。与朝鲜的交往更为频繁：宋元嘉二十七年(公元 450 年)，宋文帝应朝鲜半岛的百济王请求，赠送了《易林》等图书；梁大同七年(公元 541 年)又应百济王之请，派《三礼》学者陆诩前往讲学。中国的《五经》《三史》和《三国志》等书都陆续传入朝鲜，朝鲜许多人都能诵读讲解，也有人能用汉字写作。佛经的求取和翻译活动促进了魏晋南北朝时期的中外文化交流。那一时期从印巴次大陆来中国从事佛经翻译的僧徒有七十多人，他们的活动直接促进了佛教文化的传播，丰富了中国图书的内容。同时，中国僧徒也有不畏艰险西行取经求法的，史传记载有八十九人。曹魏的朱士行是第一位去西域取经的僧人。他在魏甘露五年(公元 260 年)，从雍州(陕西长安西北)出发，越过沙漠，到新疆的和田，求得梵文本的《放光般若经》九十章，六十余万字，派弟子送经回洛阳译出，比原在中土流行的《般若经》补充甚多，他留在西域直至八十高龄病故。另一位杰出代表是东晋的释法显,法显俗姓龚,今山西襄邱人,少时出家为僧,对佛经很有研究。他感到当时佛经的律藏传译不全,决心去天竺取经。他于后秦弘治二年(公元399年),从长安出发,西渡流沙,越过葱岭,经过六年的艰苦跋涉,终于到达中天竺夏多王朝的都城巴连弗邑(今印度巴特那)。当时的巴连弗是五天竺的政治、经济、文化中心。法显在那里住了三年,学习梵书、梵语,并撰写佛律,又搜求到经、律、论六部。后来,他又到经瞻波国和师子国各住了两年,于东晋义熙八年(公元412年)回到今山东青岛崂山,以后到建康(今南京)专门从事译经和写作。法显西行历时十六年,游历三十余国,带回许多经律,并翻译了一部分。此外,他还写了著名的《佛国记》(一作《法显传》),记述了旅途见闻,是研究古代中亚、印度和南海各地地理风俗和宗教情况的重要资料。《佛国记》已被译成英、法等国文字。在20世纪初,敦煌莫高窟发现一大批魏晋至唐的纸写古卷轴本图书,有佛经、经史子集和文书契约等,有汉文和古代少数民族文字,甚至还有中亚、西亚、南亚和欧洲文字。1907年,斯坦因在敦煌附近长城古烽燧遗址中发现九封粟特文书信。粟特文是居住在我国西北和俄罗斯西部中亚一带粟特人所使用的文字。从这些例子可以想见魏晋南北朝时期中外文化交流的活跃情况。

前秦建元八年(公元372年),苻坚派使臣和僧人送佛经和经论到高句丽,高句丽便兴建寺院,成为朝鲜佛教的开始。陈天嘉六年(公元 565 年),陈文帝派使送佛经一千七百多卷到新罗。这些文化交流促进了与友邻国家的关系。

唐朝由于雕版印刷术的发明,对图书的流通和文化的传播更创造了良好的物质条件,特别为民间日常生活的需要提供方便,如历书、字书、小学和一些民间通俗读物也在江南、四川一带刊印流通。穆宗时,元稹和白居易的诗作被单篇刊印,流传街头;文宗时,由于民间印行日历,数量很大,迫使文宗不得不下令禁止私印日历流通。唐朝中外图书的交流也很繁盛,首都长安是当时对外经济文化交流的中心,也是外国使臣、商人、学者、僧侣和留学生麇集的国际性城市。人们带来各国的文化,带走大批书籍,将灿烂的唐文化通过图书的流通传播四方。当时的交流对象是日本、朝鲜、印度等国。日本在公元 7 至 9 世纪间与中国交往最频繁。在有唐一代,日本正式派出的遣唐使团多达十三次,每次不少于百人。每次回国,都带走大批图书,到 9 世纪末,日本所藏汉文图书多达一千九百七十九部,一万六千余卷。其中科技著作达三千余卷:有《周髀》《九经》等数学书;《日月食晕占》《天宫星占》等天文学书;《素问》《难经》《脉经》《黄帝针经》和《神农本草》等医药书。这些图书的传播对日本的科技发展具有重要作用。唐代的诗歌,特别是平易浅显的白居易诗作更为日人所欢迎,有《白氏文集》七十卷和《白氏长庆集》

二十九卷。大部头的类书如《华林遍略》《修文御览》和《艺文类聚》和一些礼书、乐书等都流传到日本。朝鲜一直是中国文化外传的主要渠道，它对中国文化也极重视，如唐朝的文学家张鷟(zhuó)的文章就很受朝鲜等国人的欣赏，朝鲜每次派使者来中国，都用重金购买张鷟的文章；白居易的诗篇也在朝鲜广泛流传。中印文化交流，高僧玄奘和义净的贡献尤大。玄奘在太宗贞观初年赴印度从高僧求学，于贞观十九年(公元645年)回国，带回数量众多的佛教经典进行翻译，所撰《大唐西域记》记录了中亚、阿富汗、印度和巴基斯坦等一百多个国家的历史、地理、风土人情等，是一部介绍域外情况的宝贵的文献资料。义净于高宗成亨二年(公元671年)由广州海路赴印度，先后游历三十余国，逾二十五年，于武后时回国，带回佛经四百部，推动了中印文化的交流，他还编写了《大唐西域求法高僧传》，介绍印度和东南亚地区国家的宗教、文化以及中国入印僧人的事迹。此外，唐朝各个时期与尼泊尔、斯里兰卡和阿拉伯等国都进行了不同程度的图书交流，起到了互相传播文化的作用。

五代十国虽然各国政权分立，更迭频繁，但对图书的流通和文化的传播仍有所注意。其卓著成绩是从后唐长兴三年开始，中经后晋、后汉，至后周广顺三年，历经四朝二十一年(公元932~953年)而刊成的监本《九经》。原来，汉唐两代为了统一儒家经典文字而立熹平石经和开成石经，供学子校正。但石经难以移动,不具备图书的流通特性,镌刻又耗资费工,各地士人集中一地校正又造成种种困难。监本《九经》之刊印,不仅是儒家经典合刊的开端,而且还使后来的历代封建政府,都把确立国家标准本的任务,由过去的石经转而赋予国家出版的“监本”或殿本去完成,这在传播文化方面有着划时代的意义。当时有些高官也都乐于从事流通传播的活动,如石晋宰相和凝,擅长短歌艳曲,自己写刻印行流传;后蜀宰相毋昭裔少年时借书受辱,得意后自行出资刻印《文选》《初学记》和《白孔六帖》,这是私人刻书之始。他们凭借权势所进行的这些活动,在增加图书流通量和扩大文化传播方面还是有贡献的。

宋朝的国家藏书与私人藏书都按一定读者范围开放流通,如政府藏书或宫廷藏书,对高级官僚开放;如工作需要,还可以供一般官员查阅资料。著名科技史家沈括在使辽时,为外交谈判作准备,曾详细查阅了有关宋辽边疆地带的历史文献。这些馆阁藏书还专门有外借书库,建立借阅制度,设置专职人员。地方州学藏书也允许外借,因为有的藏书还印有“若借官书,常加爱护”的字样。私人藏书更是广为流通,著名藏书家宋敏求藏书量大、质高,所以喜读书的人就在宋府附近租屋居住以便借书,以致宋府附近的房价高涨一倍。宋朝对周边少数民族政权采取文化封锁,严格限制图书出口,但事实上禁而不止,因为当时辽以十倍高价收买图书,因此汉文图书大量输出,传播了汉族文明。辽也与宋采取同样的封锁政策，规定了文字出境处死刑的峻法，但也不能奏效，如辽的著名图书《龙龛手鉴》便流传在宋朝。西夏收藏的汉文图书很丰富，其中多来自宋朝，宋仁宗嘉祐七年(公元1062年)，西夏曾准备用五十四马的代价，求取宋太宗御制诗章草隶书石本和监本《九经》《册府元龟》《唐书》等。次年，宋赠西夏《九经》《孟子正义》和一些医书，而谢却换书的马匹。宋夏关系断绝，西夏转而通过金来搜求汉籍。西夏得到汉籍后，有计划地翻译为西夏文字，如《孝经》《尔雅》《四言杂字》和一些经子书籍都有西夏文刊本。其大规模的译书活动是组织对由宋朝赠送的《大藏经》进行西夏文的传译，共译成西夏藏经三千六百二十余卷，包括汉藏的全部经律论。西夏还向辽赠送佛经，传播佛教文化。西夏为了更好地传播汉文字，以汉文注为依据，自行编写汉籍的注释；同时在西夏仁宗乾佑二十一年(公元1190年)编成《蕃汉合时掌中珠》，作为汉夏、夏汉的对译字典，在夏字旁注汉字读音和释义，在汉字旁注夏字对音、译语，两两对照，极便检阅，对沟通民族间的文化交流有着重要作用。金的图书多来自辽、宋。金世宗曾在宏文院设译经所来翻译汉籍。世宗、章宗两朝传译了大量汉籍，如《易》《书》《论语》《孟子》《老子》《新唐书》以及《贞观政要》唐宋著名文集等多种，使汉文化得到广泛的传播。宋金图书还可以互相流通，如宋遣使到金的礼物中就赠送过司马光的《资治通鉴》，金的图书也见于宋金互市的市场上。元朝也有大量的译书活动，不仅译汉籍《通鉴》《贞观政要》和佛经等，而且还将蒙古著作《圣武开天记》《太宗平金始末》等译汉；不仅以蒙译汉，而且还以维吾尔等多种文字译书。其文种之繁、数量之多、范围之广都超越辽夏金诸朝。辽夏金元的传译汉籍和与宋的图书交流对增强各民族文化的融合和发展中华民族统一文化都有重要的作用。

明朝由于刻书业的兴盛，相应而起的则是图书市场的发达，许多政治、经济、文化中心都形成书市，如北京、南京、苏州、杭州等地都有专门书市和专业人员，使图书通过商品流通的途径，供应人们的文化需求。国家藏书除政府藏书比较严格控制外，国子监和地方州县学的藏书都允许士子借阅，但不准外借。私人藏书有一部分人世袭珍藏，不轻易示人。如金华藏书家虞守愚在他的藏书楼门口牌示“楼不延客，书不借人”。著名的天一阁订立严格禁约，不许外人借阅，甚至家中妇女也不许登楼阅读。有的人虽然允许借阅，但条件极严，如祁承爜的澹生堂规定本家子孙只能在藏书室阅读，不能带回住处，亲友只能借阅副本等等。但是也有思想开放的，如江阴李鹗翀(chōng)主张天下好书当与天下读书人共之，并且对外借阅，做到“朝发夕至”，使图书流通，产生传播文化的效能。明朝的翻译西书是中外文化交流的一项重要活动。明代后期以利玛窦为代表的耶稣会士为了传播天主教义，带到中国一些哲学和自然科学的书，不仅通过自己学习汉语进行翻译，还与中国士大夫如徐光启等人合作译书，使西方文化传入中国，如利玛窦与李之藻合译的《同文算指》是介绍欧洲笔算的第一部著作，对后来的算术有很大的影响；汤若望译行的《远镜说》是传入西方光学的第一部书。艾儒略等所译《职方外记》介绍了五大洲各国的风土、民情、气候、名胜等；邓玉函译《泰西人身说概》是西方人体学传入中国的开始。外国传教士先后持续近六十年的译书活动，虽然内容比较陈旧，但这是中国与西方文化融合吸收的开端，传入的西方哲学和自然科学知识颇有可借鉴和参考之处。明代的外交活动比较频繁，图书输出外国甚多。当时中国在世界上，特别是在亚洲各国中，其物质文明与精神文明都很为这些国家所羡慕，它们把输入图书作为汲取中国文化的重要途径，而明朝政府则借图书输出以扩大政治影响。明政府在遣使出国往往带去明朝历书《大统历》，给予臣服于明或明朝准备使之臣服的国家。安南、日本、爪哇都得到过这种赠书。外国使臣来访回国往往受赐一些书籍，如洪武二年赐朝鲜使臣以六经、四书和《通鉴》等；永乐二年赐暹罗(今泰国)使臣《列女传》百册。永乐五六年曾把成祖徐后所撰《劝善》《内训》各百册赐给日本使臣带回去。那些跟随使臣来的商人、僧侣也都赐买一些图书带回国。明朝图书的大量输出，使明朝的先进文化传向国外，对传入国社会生活和科学文化的提高起了积极的推动作用。这是中外文化交流值得重视的事迹。

清朝前期，市场买卖是图书流通的主要方式。私人藏书的出借和传抄，朝廷的颁赐，南三阁《四库全书》对士子的开放，对图书的流通也起了补充作用。清朝前期南北两京和苏杭二州依然是图书交易中心。其中尤以北京的琉璃厂书肆最为繁盛。琉璃厂在清初便是一个繁华集市，许多书贾在此设摊卖书。康熙以后，迅速发展到有几十家书坊。乾隆时纂修《四库全书》，刺激了各地书商纷纷进京设肆售书。所经营的图书多是有价值的罕见本、精刊本和名人手稿；有些学者多来访求需用的图书，有的甚至在琉璃厂赁屋居住以便就近得书，如王士祯、孙星衍、黄丕烈等都在琉璃厂附近居住过。近三百年来琉璃厂成为流通图书、传播文化的中心而驰名全国。在市场买卖以外，私人藏书家间常以互相借阅、借抄来流通图书。清初藏书家黄宗羲读完家藏的万卷书后，曾向许多著名藏书家借抄图书，借书对象有黄丕烈的千顷堂、钱谦益的绛云楼、范钦的天一阁、徐乾学的传是楼等多家。乾嘉以后，藏书家彼此有无相易，互相抄补已成一时风气。这不仅加强了图书流通，也增加了各家的藏书量。清代后期，中国社会进入了半殖民地半封建时期，由于西方和日本的思想文化的传入，图书也相应输入，除了外国人进行译书外，一部分接受西方知识和思想的维新知识分子也纷纷投身于译书与介绍活动中，加速了东西方文化和中国的交流。有的私人藏书家逐渐开放藏书，甚至出现浙江绍兴古越藏书楼的公开借阅、服务社会的趋向，原有的以藏为主的藏书楼逐渐向藏用结合的图书馆模式发展。图书的流通日益通畅，文化的传播更趋活跃，对整个社会的发展起了推动作用。

下　篇

三·百·千

人类要把自己已有的知识文化传之后世，不外两种途径：一是口碑相传，二是文字记载。口碑相传有它一定的价值，但往往由于无意的记忆模糊和方言差异而失真。因此，文字记载成为更主要的流传途径。要掌握文字记载的繁多内容首先必须识字，如果连字尚且不识，其他都无从谈起。古人似乎很早就意识到这一点，所以在启蒙教育中把识字教育放到十分重要的位置。《汉书·艺文志》中就著录了十家三十五篇（注：一说四十五篇）教学童用的识字课本，其中保存完整、流传至今的是西汉元帝时人史游所撰的《急就篇》。

《急就篇》共有两千一百四十四字，据前人考证，末尾的一百二十八字是东汉时人所补加，所以原书为两千零一十六字。它用三言、四言、七言的韵语把这些单字编成有内容含义便于诵读记忆的读物，起到了识字和传授一些基本知识的作用。如“稻黍秫稷粟麻粳，饼饵麦饭甘豆羹”两句，除了让人认识这十四个字以外，还使儿童知道一些农作物和食品的知识。这本读物流传时间很长，影响很大，有些学者为它注音义，有些书法家拿它作书写题材。虽然从唐、宋以后，《急就篇》的独尊地位渐渐衰落，被新出现的一些识字课本所代替，但它的影响仍然存在，宋朝学者欧阳修所撰《州名急就篇》和王应麟所撰《姓氏急就篇》都还利用《急就篇》的模式和声名。

继《急就篇》之后是南梁时期出现的《千字文》和宋朝出现的《百家姓》与《三字经》。这三本书从宋元以来一直流传盛行，是一整套启蒙性质的必读识字课本。虽是识字课本，但除《百家姓》主要是记诵姓氏外，《三字经》和《千字文》都超出了《四言杂字》《六言杂字》和《农庄日用杂字》这类单纯识字书的范围，而兼有进行封建思想教育和传授基本常识的内容。

这三本书已经相沿配合成一套系列识字教材，社会上习惯地称它们为“三·百·千”。这一惯称实际上包含着学习顺序，明朝的教育家吕坤曾说过：“初入社学，八岁以下者，先读《三字经》以习见闻；《百家姓》以便日用；《千字文》亦有义理。”

《三字经》既是识字课本，也是增广见闻的教材。它被人们置于《百家姓》和《千字文》之前的首要地位。近代学者章太炎评论《三字经》时曾说：“观其分别部居，不相杂厕；以较梁人所集《千字文》，虽字有重复，辞无藻采，其启人知识过之。”社会上习惯用语“三·百·千”正是《三字经》本身作用和蒙学教育约定俗成次序的反映。

《三字经》的撰作年代和作者，历来有不同说法。清人夏之翰肯定它的作者是宋元之间的学者王应麟，并认为《三字经》的内容是“要而该”，即既有重点又较概括。但是，有的学者对此持有异议，如章太炎审慎地表示《三字经》内宋以前部分，当如相传所说为王应麟所写，但辽金以下则是明清人所续。又清人笔记《坚瓠集》的撰者褚人穫以《三字经》中有某些史实疏误处与王应麟的学识造诣不合而否认王应麟是《三字经》的作者。有些学者如清初的屈大均根本否认王应麟所撰的说法，而指明《三字经》的作者是宋元之间的顺德人区适子，后来也有赞成此说的。作者虽然尚难定论，但有一点可以肯定，《三字经》大约成书于南宋，元明以来又经过不断补充而日益普及了。

《三字经》的清初本有三百八十句一千一百四十字，后来比较通行的本子有四百一十六句，一千二百四十八字。全书主要包括学习态度、封建伦常、日常事务、历史知识和勤奋人物等内容，有些语句至今还有劝戒的意义，如“玉不琢，不成器；人不学，不知义”；有的语句成为人们共识的常识，如“稻粱菽，麦黍稷，此六谷，人所食；马牛羊，鸡犬豕，此六畜，人所饲”，使“六谷”“六畜”的概念留传至今。其中叙史部分最有特色，它用了三百余字，把历代统系，按事件人物，纵横交错，顺次而下地加以简括说明，写意般地勾画了几千年的历史轮廓。这本仅仅千余字的小书就以白描笔法和三字句式向蒙童传播了封建社会人们所需要的文化基本知识和道德规范要求，并使它广泛流传、经久不衰。

《三字经》的内容包含两部分：它既有从传统文化中撷取到的有用知识，又有宣扬封建伦常，进行教化的说教。这样就既满足了群众的需求，又符合统治者的利益，故而成为全民性的流行读物，同时，三字句体裁合乎人们的诵读习惯，表现出抑扬顿挫的节奏而为人们所乐用。内容与形式的融和正是《三字经》之所以有深远影响的原因所在。

明清以来有多种《三字经》的注释和图解，都比原文增加多倍，如清人贺兴思所撰《三字经注解备要》，不仅填充大量注解材料，而且还变动观点，如把“魏蜀吴，争汉鼎”的原句改为“蜀魏吴”，这一次序的变动正表明《备要》撰者以蜀为正统的观点。另一本是清人尚仲鱼所撰《三字经图注》，它按文字故事绘图注明，分两层楼刊版。这些注和图对了解《三字经》的文意和增强生命力有着重要作用。另外，清朝还有译本的《蒙汉三字经》和《满汉三字经》在满蒙族中普及。

在《三字经》广泛流传的影响下，后世出现了形形色色的以《三字经》命名的不同内容的识字读物。如《太平天国三字经》是洪秀全亲自指导，由卢贤拔、何震川等所撰，全文共三百五十二句，一千零五十六字，主要内容讲上帝会教义和皇上帝威力，指斥历朝历代统治，提出革命要求与纪律，是初期的革命宣传品。辛亥革命以后出现了《共和新三字经》，全书共三百零四句，九百一十二字，并有插图二十二幅，内容明确划分革命与改良的界限，论证革命的必要性，如说："犬守夜，鸡司晨，不革命，曷为人？蚕吐丝，蜂酿蜜，不革命，不如物。"等等。其他尚有《时务三字经》《重订三字经》《地理三字经》《医学三字经》和《历史三字经》等多种，但无论其作用与影响都不如《三字经》的原本。

《百家姓》是将四百七十二个只便诵读而毫无含义的姓氏连缀成四字句，共一百一十八句。因为北宋末年大诗人陆游在他的诗注中已把《百家姓》定为杂字类的"村书"，即民间通俗的识字读物，加以它的首句"赵钱孙李"用宋朝国姓"赵"字居首，所以肯定它是北宋时期的识字课本。《百家姓》字数较少，姓氏除了几个少见难读的以外，大部分是周围日常容易接触到的，耳闻与目见一结合便易于记忆，而且四字句既无需要理解的含义，又便于诵读，所以为学童所乐于接受。

《百家姓》的宋皇朝色彩浓厚，所以不能为另一皇朝所接受。明初就有吴沉、刘仲质所编的《皇明千家姓》，刊于洪武十四年(公元1381年)。全书有单姓一千七百六十八个，复姓二百个，共收姓一千九百六十八个，两千一百六十八字。由于是明朝的姓氏书，所以便以"朱"姓开头，仍以四字为句，编成有含义的句子，如：

朱奉天运　富有万方

圣神文武　道合陶唐

学弘周孔　统绍禹汤

荡平胡狄　混一封疆

这些充满歌功颂德的四言句除了开首这些外，结尾部分也还有不少其他内容，多以事物类别连缀，如“牛羊犀象，虎豹狼熊”等等。它同样地由于更加浓厚的皇朝色彩，而且识字量扩充到几乎五倍，又在识字外增加了含义，超越了蒙童的智力承担量，所以可能在明朝流传一时，而终于不能取代原本《百家姓》。

清朝康熙对于赵朱二姓打头的姓氏书可能也不满意，所以又另编《御制百家姓》，但是满姓又无法编排，于是就标榜尊崇儒学，抬出孔孟两家居首说：“孔师阙党，孟席齐梁。”接下去就编孔门弟子故事，如“冉季宗政，游夏文章”。这本姓氏书虽然避免了皇朝色彩，但是要以四字句来组织文意，就难免出现过于概括抽象，既增加了三家村学究的负担，也不易为蒙童所接受，反不若《百家姓》只认字模方便，所以这本姓氏书也未能广泛流行。

有的人嫌旧本《百家姓》有缺漏，如商岳涂来和左丘、叔孙等姓均不见载，而且又无文意，就着手重加编组。明末黄周星的《百家姓新笺》(一题《重编百家姓》)，便重编为单姓四百零八个、复姓三十个，仍维持旧有的四百七十二字的姓氏书，并使各四言句有独立含义，如“尚慕隆古，胥仰盛王，万方弘赖，怀葛虞唐”之类的语句。撰者用心可能很好，但如此深奥的文意，又岂是仅求识字的蒙童所能理解，自然也只能在政府推动下流通一时罢了。

《百家姓》的增补重编各种本子始终未能取代旧本《百家姓》。旧本《百家姓》不仅源远流长地被民间公认为适当的识字课本，而且还有《蒙古字母百家姓》和《女真字母百家姓》等在兄弟民族间流行。

《千字文》是“三·百·千”中成书最早的一本，但排次却在后面，这或是由于《三字经》文意浅显，《百家姓》字量较少，所以使《千字文》的覆盖面相对减小，不过它仍不失为一本好的识字课本。它一直与《三字经》《百家姓》配套流传千余年而不减色。

《千字文》的成书还有一段比较可信的传说。《千字文》约在南梁武帝大同年间(公元 535~543 年)完成。那时，梁武帝曾把书法家王羲之所写的一千个单字交给周兴嗣依韵立意，编次成文。周兴嗣在南梁任散骑常侍、给事中等官，颇有文名，受命以后，费尽思考，一夜之间编成四言次韵的《千字文》，基本上无重复字，将自然现象、历史名物、修身处世、优美景色等内容加以描述概括。据说，周因此须发皆白，足见其耗费心力之深。《千字文》由于立意好，并能琅琅上口，所以很快就流通起来，加之后来王羲之的后人释智永亲写千字文，成为中国书法的瑰宝，更加使《千字文》流传久远。

《千字文》把毫无关联的单字连缀成篇，内容条理连贯，用“天地玄黄，宇宙洪荒”开头，然后再逐条解释天象地貌。有些句子还教人立身处世的道理，如“知过必改，得能莫忘”，“尺璧非宝，寸阴是竞”，至今仍有借鉴价值。这二百五十句虽然成书仓促，但并无生拉硬凑、艰涩难懂的弊病，而是词意明显，文字流畅，音节自然，很便于背诵记忆。

《千字文》兼包识字求知的内容，所以流传较广，而且在民间又突破上述的范围，成为计算数字的序词，往往把量多的东西以“天地玄黄”来编次以便查取。明代的官修目录《文渊阁书目》的图书著录，没有按经史子集的四部分类登载，而是首先将藏书以千字文排次为序；自天字至往字，凡二十号，分贮五十厨，共贮书七千余种，然后再分类。这种用千字文排次的藏书方法，有几种私家目录如《脉望馆书目》及《汲古阁藏书目》均加采用。民间对首屈一指的事情常常说“天字第一号”；天津甚至用《千字文》来标列路名，如河北区有天纬路、元纬路、黄纬路、律纬路等等，这些都证明《千字文》影响之大。《千字文》原本首句的“天地玄黄”，在清朝改为“天地元黄”，那是因为康熙帝名玄烨，而不得不避讳，把“玄”字改为“元”字。

《千字文》也像《三字经》和《百家姓》那样，问世以后，陆续出现若干补编和改编本，隋唐时期已有五六种，宋代以后竟达数十种，甚至有"万字文"之类的书出现。这种补编和改编本，有的是增广补充，如宋人侍其玮的《续千文》和明人周履靖辑的《广易千文》。《广易千文》收录了四种不同补本，达四千字之多。有的是利用《千字文》的名义和形式来进行专业性教育，如宋胡寅的《叙古千文》用一千字，按四字句，顺述了从上古至宋的历史。明人李登的《正字千文》则是辨正字的形音，如：

戊戎戍戌 冑胃毋毌 柬生阑炼

东生栋冻 巳生汜祀 己生忌记

折拆小异 析柝微分

这本书的内容虽略感烦琐枯燥，但它有认字辨字的双重作用，针对目前不太注意字形和读音的情况，还有一定的借鉴意义。不论是补编新编都未能取代旧本《千字文》，主要就是后出各本都违背了蒙童识字求知的承受力，欲速则不达的超前行为在基础教育中往往是事与愿违的。

《千字文》不仅有汉字本，还有满汉对照本和蒙汉对照本，在满族、蒙族中供蒙童认识汉字。日本也有《千字文》刻本供日本人学汉字之用。另外还有一种汉字、梵文(有汉字注音)、日文对照的《梵语千字文》(一名《梵唐千字文》)，日本享保十二年(清雍正五年)刊本，题三藏法师义净撰。此书千字，与周书编次不同，如开头说："天地日月，阴阳圆矩。"意义也比较浅显易懂，可能是日本僧人学习译经时所用。

“三·百·千”统加起来不过两千多字，立意也易于理解，又各有侧重，能不断更换，循序而进。这种偶然的配合恰恰符合儿童认字求知的智力承受规律，因此，这套读物也就始终流传，而不为他书所取代。

经过“三·百·千”的蒙学教育后，就将逐步进入比较系统地学习一些基本文化知识和诗文写作技巧的阶段，有些直接进入学习四书五经的阶段。基本文化知识多以韵语短句编制，有的是道德规范约束，如《弟子规》《女论语》和《太公家教》等等，在当前已无实际意义了。有的是写掌故和历史知识，因为它创始于唐代李翰的《蒙求》，后世往往把这类书称作蒙求或类蒙求。也有不标蒙求之名和用韵语编写的。这类故事性强，有人有事，比较便于诵读的知识读物容易引起蒙童的兴趣，所以这类读物对后世影响较大，宋元明清各朝都有对这类性质读物的撰写和补注。其中最风行的是明人程登吉原编、清人邹圣脉增补注释的《幼学琼林》。《幼学琼林》是一本多学科的综合性蒙学读物，它虽以韵语编写，但打破了三字句和四字句的限制，内容涉及很广，有天文、地舆、人事、鸟兽、花木、饮食等三十三类。它的内容比较杂乱，有些东西显得陈旧过时，但还有不少有用的掌故、成语格言等，如“管中窥豹，所见不多”，“乘患相攻谓之落井下石”，“寒食节是清明前一日，初伏日是夏至第三庚”，“韩信将兵，多多益善”，等等，都是有背诵、记忆价值的东西，过去许多人对古人古事能出口成章有不少是得益于此书。我在读完“三·百·千”后的第一本知识读物便是《幼学琼林》，至今一些脱口而出的成语旧事，细细思量，不少可从《幼学琼林》中找到。此外还有一些如《千家诗》《神童诗》等可以帮助以后读诗写诗，《文字蒙求》可以打下字学基础。这些书是从“三·百·千”的最基本读物走向成人教材——经史子集的研习的过渡阶段，但有些人也超越这个阶段直接去接触四书五经。在过去几千年过程中，把祖国传统文化能一代代传递下来，是靠人们掌握了文字和部分最基本知识，而“三·百·千”则是这条通道上最原始的铺路石。

十三经

“十三经”是我国儒家奉为经典的十三部古书的总称。这些古书是:《周易》《尚书》《诗经》《周礼》《仪礼》《礼记》《春秋左传》《春秋公羊传》《春秋谷梁传》《论语》《孝经》《尔雅》《孟子》。其中《周礼》《仪礼》《礼记》又合称“三礼”;《左传》《公羊传》《谷梁传》又合称“三传”。

从西汉武帝“废黜百家,独尊儒术”开始,崇奉孔子学说的儒家逐渐成为我国封建社会占统治地位的学派,它所推崇的古籍成为神圣的经典,以孔子为代表的儒家思想成为封建社会的正统思想。这样,“十三经”对中国的政治、文化学术、道德、思想产生了极为深远的影响。旧时代的文人学士,不论是为了仕途发展,还是致力于学术研究,都付出大量的精力去攻读儒家的经籍。周予同曾在皮锡瑞《经学历史》的序中说:“因经今文学的产生而后中国的社会哲学、政治哲学以明;因经古文学的产生而后中国的文字学、考古学以立;因经宋学的产生而后中国的形而上学、伦理学以成。”那就是说,倘若对儒家的经籍没有一定的了解，对中国两千多年的经学兴衰演变茫然不知，则难以对中国的古典文学、古代史、哲学史、政治思想史、语言文字学、文献学、民俗学、伦理学等开展研究，也就难以对各学术领域的历史人物做出符合历史发展实际的评价。

“十三经”实际上是一个丛书名目，它所包含的十三部书早在先秦时期就有了，直到南宋时期才把它们组织在一起并冠以“十三经”的名称。“十三经”中十三部古书的顺序大体上是按时间先后排列的，最后一本是《孟子》。从《孟子》成书到《孟子》被列入经书行列，再到有“十三经”名称，大约经历了一千五六百年的时间。

儒家经书，最初只有“六经”之说。最早提及“六经”这一名称的是战国时的《庄子》。不过，那时说的“经”不是指经典，《庄子·天道篇》记述孔子请老聃帮忙将经书藏于周室，而老聃不许，于是孔子对“六经”作了一番解释。《庄子·天运篇》中即引述了孔子给老聃所讲的具体内容：“丘治《诗》《书》《礼》《乐》《易》《春秋》六经，自以为久矣，熟知其故矣。”明确地提及“六经”。“六经”在汉以后也称“六艺”。早在贾谊的《新书·六术篇》中就有“《诗》《书》《易》《春秋》《礼》《乐》六者之术，谓之六艺”之说。西汉末刘歆撰写《七略》，其中“六艺略”即指“六经”。所谓“六经”，西汉时实际上只有五经，缺《乐经》。当时今文家认为《乐》本无经；古文家说有《乐经》，秦焚书后亡。汉时不存《乐经》，所以汉武帝时设有《易》《书》《诗》《礼》《春秋》五经博士(传授经书的教授官),而无《乐经》博士。

“五经”之外,还有“三经”之说,但提出“三经”是西汉以后的事,更不是《庄子》提及“六经”之前的说法,且各家所指的“三经”也多有不同。如颜师古为《汉书·五行志》作注,认为“三经”指《易》《诗》《春秋》;王安石的《三经新义》是指《书》《诗》《周礼》;而《宋史·艺文志》著录的刘元刚《三经演义》则指《孝经》《论语》《孟子》。所以不能将“三经”视为“十三经”发展的基点。

由于汉王朝“独尊儒术”和提倡“以孝治天下”,所以将《孝经》《论语》列入经书,在“五经”的基础上发展为“七经”。但“七经”所指的书目,也有不同,如东汉的“一字石经”是以《易》《诗》《书》《仪礼》《春秋》《公羊传》《论语》为“七经”而没有《孝经》。

唐代初年,“三礼”之学受到重视,不仅太宗时魏征撰《类礼》,高宗时贾公彦撰《周礼》《礼记》二经注疏,而且将《周礼》《仪礼》《礼记》全列入经书,形成“九经”,并以“九经”取士。唐代科举取士,明经科三场考试,先试“贴经”,再“口试”大义,再次才是“答策”,这样就引起学子们对经书的重视。“九经”经文于唐文宗开成二年刻成,并立石经于都城长安国子监,称为“开成石经”。唐代的“九经”包括:《易》《书》《诗》“三礼”“三传”。这里还应注意两个问题:一是“开成石经”于“九经”之外,还刻有《孝经》《论语》《尔雅》,所以后代也有称之为“十二经”的。二是后世提及的“九经”，在书目上多有变动，如宋刻“九经”白文是《易》《书》《诗》《左传》“三礼”及《论语》《孟子》；而清刻《篆字九经》则包含《大学》《中庸》《论语》《孟子》而没有《礼记》，没有“三传”而有《春秋》。

五代时，蜀主孟昶时刻有“蜀石经”，共十一经。这“十一经”是：《易》《书》《诗》“三礼”“三传”和《论语》《孟子》。“十一经”是由“九经”发展到“十三经”的一个重要环节，值得注意的是此时正式将《孟子》列入经书行列。在“十一经”之外再加上《孝经》和《尔雅》，便合成为“十三经”。

现在“十三经”通行的版本是中华书局影印并附有校勘记的《十三经注疏》，分上、下两册。南宋以前，经文与注疏是分别单行的，到南宋光宗绍熙年间才有合刊本。明嘉靖、万历间都曾刊行。清乾隆初有武英殿本，简称“殿本”(因刻印书籍的机构设在武英殿而得名)，是官刻本；后在阮元主持下，根据宋本校勘后重刻。中华书局影印本就是据原世界书局阮刻缩印本影印的，影印前，“改正文字讹脱及剪贴错误三百余处”。现将“十三经”各部经书的注疏者分列于后：

《周易》魏王弼、晋韩康伯注 唐孔颖达等正义

《尚书》汉孔安国传(伪) 唐孔颖达等正义

《诗经》汉毛亨传 汉郑玄笺 唐孔颖达等正义

《周礼》汉郑玄注 唐贾公彦疏

《仪礼》汉郑玄注 唐贾公彦疏

《礼记》汉郑玄注 唐孔颖达等正义

《春秋·左传》晋杜预注 唐孔颖达等正义

《春秋·公羊传》汉何休注 唐徐彦疏

《春秋·谷梁传》晋范宁注 唐杨士勋疏

《论语》魏何晏等注 宋邢昺疏

《孝经》唐玄宗注 宋邢昺疏

《尔雅》晋郭璞注 宋邢昺疏

《孟子》汉赵岐注 宋孙奭(shì)疏

上述注疏,涉及注、正义、疏、传、笺等名称,笼统地看,这些不同名称反映的意义是一样的,都是注释的意思;但古代之所以采用不同的名称,是因各名称还有其特定的含义,如:

注,就是注释、注解,用文字对古书中难解的字、句加以解释。

正义,是注释经史的另一种方式,唐代开始用"正义"作书名,表明是对原文作了正确的阐明。

疏,比"注"更详细的注解,包括对原文的注释和对前人"注"的注解。"疏",单独作为注释名称最初出现于唐代,魏晋时有"义疏"。

传,含有传述意,是阐明经义的传释方式。

笺,这种注释方式,含有对前人注解订正、发挥、补充的意义。

“十三经”是部大丛书，有十四万七千五百六十字，内容涉及哲学、政治学、史学、文学、文字学、伦理学等学术领域，再加上浩如烟海的注疏文字，绝不是短期能读完的，而且每个人的情况不同，对“十三经”未必需要全读，读时应有选择。这就有必要对“十三经”的每部书的概况有所了解。

《周易》 “十三经”首列《周易》，这是承续了汉代“六经”以《易》为首的传统。《周易》又称《易经》，简称《易》。郑玄讲“《易》一名而含三义”：“易简”(执简驭繁)，“变易”(穷究事物变化)，“不易”(永恒不变)。一说周代人所作，故名《周易》。原本是部占筮书，用以卜测社会和自然的吉凶变化，从其内容的哲理性以及所记载的史料的重要性看，实际上是部很重要的哲学、历史著作。

《周易》由“经”“传”两部分组成。“经”最早可能萌芽于殷周之际，经长期积累而成，其作者认为阴阳相互作用是产生万物和事物变化的根源，所以最基本的符号是“--”(阴)“—”(阳)。由阴阳符号三画重叠，组成八卦(☰乾、☷坤、☳震、☴巽、☵坎、☲离、☶艮、☱兑)。八卦相叠构成六十四卦。每卦有卦辞；每卦又有六爻(yáo)，每爻有爻辞。卦辞与爻辞合为经文。“传”，也称“易传”，是战国时期至秦汉之际儒家对《周易》经文的解释，有十篇，又称“十翼”。

《尚书》 单称《书》，又称《书经》，西汉时才称为《尚书》。“尚”即上，《尚书》即上古之书。这是我国现存最早的一部史书，是起于上古唐尧、终于春秋初世的上古历史文件的汇编。由于儒家尊崇唐尧、虞舜、夏禹、商汤、周文王“二帝三王”之道，且相传为孔子所编选，遂被作为儒家经典。《尚书》有“今文尚书”与“古文尚书”之分。西汉时，用当时通行文字隶书书写的二十八篇称“今文尚书”，另外相传汉武帝时在孔子旧宅壁中发现了用六国文字书写的《尚书》，称为“古文尚书”(已佚)。

《尚书》是部最早的史书，其中有些誓词、文告、记述性文字很有文学性，所以也被视作我国古代“散文的开端”。

《诗经》 先秦时单称《诗》，是我国最早的诗歌总集，后来成为儒家的经典。《诗经》于春秋时编成，有诗三百零五篇，另有六篇有目无诗，是西周初至春秋中叶的作品。诗分风、小雅、大雅、颂四部分。风有十五国风，大部分是各国的民间诗歌，有一百六十篇；小雅、大雅合称“二雅”，是西周京城附近一带的乐歌，有一百零五篇；颂有周颂、鲁颂、商颂，合称“三颂”，有四十篇，多是祭祀时的乐歌，也有部分舞蹈歌曲。讲到《诗经》，常提到“六义”这一词语。“六义”也称“六诗”，指的是风雅颂、赋比兴。风雅颂，是从音乐角度区分诗歌类别的；赋比兴，是指诗作的写作手法。赋是直接陈述，比是譬喻，兴是寄托。但不能看死，并不是一首诗就是一种写作手法，有的诗是兼采几种方法的。

西汉初，传授《诗经》的有鲁(鲁人申培公)、齐(齐人辕固生)、韩(燕人韩婴)三家，他们所传的诗分别称为《鲁诗》《齐诗》《韩诗》，合称“三家诗”。三家诗是今文诗学，魏晋以后逐渐亡佚，直到清代，佚文才大致搜集起来。“十三经”中所收的《毛诗》，是稍后于三家的鲁人毛亨所传。我们现在所说的《诗经》就是毛氏所传的，所以《十三经注疏》的标目就是《毛诗正义》。《毛诗》是古文诗学。

《周礼》 原名《周官》，王莽时因刘歆奏请将“周礼”列于经，始有《周礼》之名，又称《周官经》。《周礼》按天地、春夏秋冬四时设《天官冢宰》《地官司徒》《春官宗伯》《夏官司马》《秋官司寇》《冬官司空》六篇，内容是周王室的官制以及战国时各国的制度，也参入了作者的政治理想。据说，王莽改制、王安石变法、宇文泰改官制都受到《周礼》的影响。经考证，近人认为《周礼》是战国时代的作品。其中《冬官司空》早已亡佚，汉时补入《考工记》，这是春秋末齐国人记录的手工业技术著作。《周礼》成书晚于《仪礼》，因汉代经学集大成者郑玄尊崇《周礼》，而后世经学家又特尊崇郑玄，所以“十三经”仍将《周礼》置为“三礼”之首。

《仪礼》 原名《礼》，亦称《礼经》，因首篇为《士冠礼》汉时也称《士礼》，到晋代才称《仪礼》，是古代有关冠礼(祝贺成年的礼节)、婚礼、丧礼、祭礼、饮酒礼、乡射礼(射箭比赛礼仪)、宴礼、朝聘礼(诸侯朝见天子，国君派使臣到别国聘问的礼节)等礼仪要求、程序的汇编，共十七篇。经近人考证，认为《仪礼》成书当在战国初至中叶间。

《礼记》 是一部对秦汉以前各种礼仪解释、补充的论述选集，本为西汉礼学家传授《仪礼》时选辑的辅助材料，所以原本是“记”，不是经书。这是一部研究我国古代社会、了解儒家思想以及古代文物制度的重要参考书，共有四十九篇。从汉末开始，《礼记》就受到历代封建王朝的重视，其影响后来反在《仪礼》之上。其中像《礼运》《大学》《中庸》诸篇是很重要的哲学论著；《学记》是研究古代教育不能不读的著作；《乐记》是我国较早的音乐论著，论及音乐的本源、美感、社会作用以及音乐与礼的关系等。

《礼记》相传为汉时戴圣所编辑。东汉时，还同时流传着一部由戴德辑的八十五篇“礼记”本(今只存三十九篇)，因戴德是戴圣的叔父，从辈分上相区别，戴圣本便称为《小戴礼记》或《小戴记》，戴德本称为《大戴礼记》或《大戴记》。二本又合称《戴记》。

《春秋·左传》《春秋·公羊传》《春秋·谷梁传》 古代学者认为这“三传”都是解《春秋》经的“传”。近人研究有认为《春秋·左传》是部独立的著作，并不是传《春秋》的。《春秋》是“六经”之一，但自从“三传”列入经书之后，“九经”“十一经”“十三经”就不再单列《春秋》了，因“三传”都是与《春秋》合刊的。《春秋》是部编年体史书，一说是孔子根据鲁国史书修订而成。所记史实，始于鲁隐公元年，止于鲁哀公十四年，不仅记有鲁国这期间的政治活动、婚丧祭祀以及日蚀水旱等自然现象，还记有其他各国的大势演变情况。这部记载二百四十二年涉及春秋各国的史书，只有一万七千字。由于文字过于简洁，加之认为孔子修《春秋》，字字寓褒贬，于是后世学者便对《春秋》作解释、补充史实、阐发其“微言大义”。这样给《春秋》作传的便有不少，《汉书·艺文志》著录五种，但存书传于世并列入经书的只有这“三传”。

《春秋·左传》，亦称《左传春秋》，简称《左传》。旧说作者是左丘明，现代学者认为是战国初年人编成。《左传》叙事从鲁隐公元年至鲁悼公，比《春秋》所记的下限要长。长出的这部分称为“无经之传”。《左传》与其他二传相比较，其主要特点是：着重于叙史事，而不是发明经义的“微言大义”。所以，既有“无经之传”，也有与《春秋》经文相矛盾的传文。另外，《左传》的文字简练而富于文彩，记事委曲详明，从动作和内心活动把人物刻画得栩栩如生，不少传文是很有魅力的历史散文。就史学和文学价值而言，《左传》不是《公羊传》《谷梁传》二传可比的。

《春秋·公羊传》，简称《公羊传》，相传战国齐人公羊高传，原为口耳相传，到汉景帝时才成书。与《左传》相较，其特点在于逐字逐句解释《春秋》，着眼于阐述“微言大义”。它的史料价值不高，其作用在于帮助读者了解《春秋》字义、了解先秦时期的礼仪制度等。

《春秋·谷梁传》，简称《谷梁传》，相传战国时谷梁赤所传，原也是口耳相传，到西汉时著录成书。与《公羊传》相似，不注重从史实方面解说、补充《春秋》，而在于阐发其"微言大义"。其价值主要在帮助读者了解《春秋》经文字义和儒家思想。

《论语》 东汉时列入"七经"，唐时刻入"开成石经"，是儒家重要的经典，也是我们研究经学、哲学、教育学、伦理学、文学必读的古籍。《论语》产生于春秋末战国初，是孔子的弟子和再传弟子编著的，主要是孔子言行的记录。书名是一开始就有的。

在汉代，《论语》亦有古、今文之分。今文本有《鲁论》(相传鲁人所传)和《齐论》(相传齐人所传)。前者二十篇，篇次与现在通行本相同，后者二十二篇，较《鲁论》多《问王》《知道》两篇。西汉末，安昌侯张禹把鲁齐二本融合为一而编定，称为《张侯论》。古文本的称《古论》，相传是汉武帝时于孔子旧宅墙壁发现，有二十一篇。现在通行的本子，基本上是《张侯论》。全书二十篇，每篇都是篇头一两句中摘取两三字命名，如第一篇是《学而》，就是从本篇第一句"子曰：'学而时习之，不亦说乎。'"中摘取的。《论语》的内容丰富，思想深刻，而言词简略，有的词义又较含混，加之不同历史时期、不同人物根据他们的不同需要或不同理解，对《论语》解析、评价颇不一致，甚至南辕北辙各执一端，所以在读《论语》参阅各家之说时，应注意那些断章取义、曲解、随意引申的毛病。

《孝经》 作者不详。旧说孔子所作,或说曾子所作,均不足信。近人研究,成书当在公元前3世纪或公元前230年左右,为孔子后学所作。古文本相传为西汉经学家孔安国所注,分二十二章,亡佚于梁。今文本为郑玄注,分十八章。唐开元年间,玄宗命诸儒汇集六家说为注,于天宝二年注成并刻石立于太学,《十三经注疏》采用的就是这一注本。

《孝经》宣扬封建孝道,论述以孝治天下,认为孝是"德之本",孝是天经地义的事,《孝经》分置十八章,但在"十三经"中是文字最少的一部,仅一千七百九十九字。东汉时列为"七经"之一,虽然后来的"九经""十一经"未列《孝经》,但一直受到儒家和历代封建统治者的重视,最后终于归入"十三经",从此确定了它的经书地位。

《尔雅》 在"十三经"中,这是一部特殊的著作。作为一本专门解释词义的工具书性质的著作,竟被儒家视作经典,这是很有意思的。《尔雅》是我国最早的一部大致按词义系统和事物分类编纂的词典。之所以命名"尔雅",表明这部书是以雅正之言解释古语词、方言词,使之近于规范。现在通行的本子有十九篇,其中《释诂》《释言》《释训》三篇是解释一般词语的,属普通词典性质;其余《释亲》《释宫》《释器》《释鸟》《释兽》等十六篇是解释各类名物的,具有小百科词典性质。它大体成书于战国末年,是当时一些儒生汇集各种古籍词语训释资料编辑而成,后又经汉代人的陆续增补才成为现在所见到的《尔雅》,共一万三千一百一十三字。

编纂《尔雅》,目的是帮助人们阅读包括儒家经书在内的古书、辨识名物。汉武帝独尊儒术并立"五经"博士后,从中央到郡县甚至乡聚,广设学校,读经成了当时读书人实现理想、追求利禄的重要途径,《尔雅》便成了儒生们重要的工具书。后来,儒家索性把这部帮助阅读经书的工具书也列为经书了。

《孟子》 《孟子》在西汉时就受到重视,文帝时置博士,作为经书的辅翼传授。《孟子》现存七篇,每篇又分上、下两篇。篇名是从每篇开头的文句中选择几字命名的,如第一篇是《梁惠王章句》,其中"梁惠王"三字就是从本篇第一句"孟子见梁惠王"中摘取的(至于"章句"二字,则是汉代经学家训诂家用以表示分析古书的章节句读之意的)。《孟子》是孟轲因主张不见用,退而与万章等弟子所撰。《孟子》的思想以及其气势磅礴、感情充沛、善于比喻、长于辩论的文风,对后世的散文家诸如韩愈、苏轼等影响都很大。

这十三部书,在封建社会中长期成为知识分子主要攻读的儒家经典著作,而"十三经"也被作为儒家十三部代表性著作的统称了。

二十四史

“一部十七史，从何说起？”这是宋朝名臣文天祥被俘后答复元朝孛罗丞相劝降时的反问。“十七史”是指从古至宋以前相连接的十七部史书。文天祥认为十七史中所记载千百年兴亡浮沉的是是非非不是三言两语说得清的。他这句话不但巧妙地回避了问题，而且嘲讽了元朝的胜利也只不过是一种改朝换代，没有什么值得论说的，表示他轻蔑对方的态度。文天祥所说的“十七史”是宋朝人对以往十七部联贯性史书的统称。宋朝以后，元明清三朝又按照新朝修旧朝史的惯例，编修了自宋至明的史书，清朝又辑录了《旧五代史》和增收了《旧唐书》而合为二十四部，被人统称为“二十四史”。

二十四史包含着从《史记》到《明史》的二十四部史书。二十四史在清乾隆四十年以后被正式定名为“正史”。从此，“二十四史”与“正史”成为同义语词了。但“正史”一词却在此以前就已使用。

最早使用“正史”一词的是梁阮孝绪的《正史削繁》九十四

卷，此书虽佚，但见于《隋书·经籍志》著录。唐朝初年编修《隋书·经籍志》，开始在史部设正史类，把《史记》《汉书》这类体例写成的纪传体史书列入这一类，但还没有确定一代仅一史的限制。唐初修另一部史书《晋书》时，由于唐太宗参加了几篇纪传的评论人物工作，于是这部《晋书》便居于当时多家晋书之首，地位显然高于他书。清初修明史时，把纪传和编年两种体裁的史书都归入正史类，打破了过去以纪传体为“正史”的惯例。同时也证明清初修《明史》时，正史一类还能够随意变更所包含的内容。

清朝编修《四库全书总目》时，才由清政府正式确立二十四部纪传体史书为“正史”以及它的神圣地位。在《四库全书总目》正史类的小序中明确地说：正史之名，见于《隋书·经籍志》，宋朝确定了十七史，明朝增加了宋、辽、金、元四史合为二十一史，清朝又增加了《明史》《旧唐书》和《旧五代史》，共成二十四史，以后不经皇帝批准，正史不得随便增加。因为正史地位尊贵，可以和经相提并论。从此，“正史”名称开始具有特殊含义。它既有代表正统政权的意味，又是国定一史的标识。那么，“正史”究竟为什么如此受到重视？因为它确有超越其他史书的优点，也可以说，“正史”具有自己的特点：

其一，“正史”记载的对象是历史上的主要朝代。这些朝代大多是被认为正统的政权，相沿具有高于其他史书的地位。

其二，“正史” 主要采用纪传体的编撰方式。纪传体有纪、传、志、表各种形式，便于表达内容。它记载范围较广，涉及到政治、经济、社会、文化各个方面，搜集资料也比较丰富，是极便于参考的资料宝库之一。

其三，“正史”包括从黄帝起到明末止的漫长历程，彼此只有重叠而无间断，上下年代相接，贯通一气，使人从这套书中可以看出古今贯通的中国历史概貌。

有了这三个特点，自然超越其他同时代的同类著述而自居首位了。

“正史”的编纂者大致可分官修与私纂两种不同情况。司马迁撰《史记》是私撰的一家之言。两《汉书》和《三国志》是经过官方同意由私人撰写的。从隋朝文帝开皇十三年(公元593年)正式明令禁止私撰国史和不准民间评论人物，又加以唐太宗李世民插手《晋书》而题署御撰以后，一代之史的编修工作便成为“人君观史，宰相监修”的官修制度。这种官修史书一般都是后朝为前朝修史。

“正史”的体制比较完备，以《史记》为例，有十二本纪，写帝王事迹，起大事记的作用；十表，排列错综复杂的史事；八书，记典章制度；三十世家，讲诸侯封国；七十列传，即人物传记。全书一百三十篇，用五种不同体裁，纵横交错地反映了历史，为后世纪传体史书创立了典型。后来各朝史书也有某些变更。如书改称志，表不仅用于记事。也有些体裁不全备的，如《三国志》《梁书》《陈书》《后周书》《北齐书》《南史》和《北史》等七部史书都没有志书；《后汉书》本无表，南宋初熊方曾编过《后汉书年表》十卷，有一种计算，把熊表计入二十四史总卷数中。从《三国志》起到《旧唐书》《旧五代史》各史都没有表。梁、陈、齐、周各史虽无志，但四朝典制内容都写入《隋书》志中。

二十四史是随着历史的前进而逐渐增益成的。它的最早合称是“三史”。“三史”之名始见于《三国志·吕蒙传》裴松之注所引的《江表传》中。《江表传》记吴大帝孙权劝部将吕蒙、蒋钦读书时曾谈到应读各书中有“三史”之名。蜀国孟光在当时被赞为博物识古、无书不读、特别注重钻研“三史”的人。吴国张温还写过《三史略》二十九卷，可见三史之名已是人们共识的一种合称。至于“三史”究竟指哪三部书，一直有不同的说法，从图书的撰写和流传情况看，所谓“三史”应指《史记》《汉书》和《东观汉纪》而言。直到唐宋以后仍有“三史”之说，但因《东观汉纪》已在唐以后失传，所以这时的“三史”便专指司马迁《史记》、班固《汉书》与范晔《后汉书》了。

唐以后出现“四史”之说，唐朝考史科目中列《史记》《汉书》《后汉书》和《三国志》为“四史”，与相沿至今、人所熟知的前四史的合称所指相合。

“四史”以外，曾有“八史”“九史”“十史”和“十三史”等等合称，但都不十分流行。直到宋朝才有“十七史”的合称为人所公认。

“十七史”之名定于北宋。宋以前正史没有合刻本，宋仁宗从天圣二年(公元 1024 年)到嘉祐六年(公元 1061 年)，先后用了近四十年时间次第校刻了各史，有“十七史”之名。所谓“十七史”是指《史记》《汉书》《后汉书》《三国志》《晋书》《宋书》《南齐书》《梁书》《陈书》《魏书》《北齐书》《后周书》《隋书》《南史》《北史》《新唐书》和《五代史记》等十七部从古到宋前的史书。清朝史学家王鸣盛的名著《十七史商榷》即据此命名，明末清初的汲古阁合刻十七史是当时通行的正史合刻本。

明世宗嘉靖初年曾命把南京国子监所藏十七史旧版核对修补，并增刻宋辽金元诸史，于嘉靖十一年(公元 1532 年)七月完成二十一史南监合刻本。神宗万历三十四年(公元 1606 年)又完成二十一史北京国子监合刻本，这就是明代出现的“二十一史”合称，清代还沿用此名，学者沈炳震就以此为名撰著《廿一史四谱》。清乾隆十一年(公元 1746 年)还刻行过二十一史合刻共两千七百三十一卷，分装六十五函。

清乾隆四年(公元 1739 年)修成《明史》，合以前二十一史而有“二十二史”的合称。乾隆十二年(公元 1747 年)在皇帝诏书中正式使用“二十二史”名称。清代有两位著名史学家都用“二十二史”来定书名，一部是钱大昕的《廿二史考异》，另一部是赵翼的《廿二史劄记》;实际上,前书增入《旧唐书》,后书增入《旧唐书》与《旧五代史》,已经多于二十二史,由此可见,二十二史至此已成习见的定称。后又增入《旧唐书》成二十三史,但“二十三史”之称并未流行。

清乾隆四十年(公元1775年)从《永乐大典》中辑出《旧五代史》,并由武英殿合前此的二十三史而刻成二十四史。不久,《四库提要》又明确规定此二十四部史书为“正史”。从此以后,不经正式明令批准,“正史”不得增列。“二十四史”作为“正史”的尊崇地位至此底定。

民国初年,柯绍忞撰成《新元史》,北洋政府大总统徐世昌明令把它列入“正史”,遂有二十五史之称。后来,《清史稿》撰成,也有并称为“二十六史”的。

二十四史共有三千二百五十九卷(包含子卷和《后汉书》年表卷数),如再计入《旧五代史》《新五代史》和《明史》的目录卷数,则总卷数当为三千二百六十六卷,总字数达两千七百余万字。卷数最多的是《宋史》,有四百九十六卷;其次是《明史》,有三百三十六卷(含目录四卷);最少的是《陈书》,只有三十六卷。

二十四史中各史包含时间最长的是《史记》,上起黄帝,下止汉武,大约有三千多年。二十四史中除《史记》和《南史》《北史》是通史外,其他都是断代史。

二十四史中各史间只有重复,没有脱节。它有两种重复,一是人物的重复，如曹操在《后汉书》《三国志》和《晋书》中都有记及，至于宋、齐、梁、陈各书与《南史》间，北魏、北齐、北周各书与《北史》间，所记人物重复的更多。二是时代的交叉重复，如《史记》与《汉书》间，《后汉书》与《三国志》间多有交叉。

二十四史中有些部史是有缺佚的，如《史记》在东汉时已经十篇有录无书。宋朝合刻十七史时，《魏书》已与《北史》相乱，校订后发现，《魏书》亡佚不全的差不多有三十卷，另外，《北齐书》也仅存十七卷而以《北史》相补。清朝刻二十四史时，《旧五代史》便是从《永乐大典》中辑出而并非原本。

二十四史的版本，过去比较通行的基本上有两大系统：

一是清乾隆时官刻的武英殿本，简称殿本。它基本上采用明监本作底本，但有讹文误字和脱页错简。有些原注也大量删节，对原文有某些窜改。后来的同文书局本、涵芬楼本、竹简斋本和开明书店二十五史本都出此系统。

二是百衲本。这是在张元济主持下由商务印书馆汇辑较早、较好的版本，在1930至1937年间陆续印行的合刊本。百衲本因底本刻行较早，错误较少，又未经窜改，所以被认为是善本佳刻，总的说来，它的质量胜于殿本。

现在比较通行而便于使用的是中华书局的标点本。

二十四史数量如此多，内容如此广，跨度又如此长，研读它是有一定困难的。历来学者为此写过不同体裁的书来帮助人们阅读和学习。这种不同体裁的著述主要有注、补、表、谱和考证等五种。它们始于南北朝，兴于唐宋而大盛于清。清末张之洞撰《书目答问》，特为此五种书立一小类附在正史类之后，并加注说“此类各书为读正史之资粮”，现分述各体如下：

1. **注** 这是对原文进行解释和补充的一种写作形式，《史记》的《索隐》《正义》和《集解》被后世统称为三家注。《三国志》的裴松之注是刘宋学者裴松之在《三国志》成书后的一百三十余年，征引了魏晋人著作一百五十余种，条理原本不同的记载和说法，订正原记载的错误，解释内容详略的原因，增补原书的缺漏。由于所征引的著述，现在已大多散佚，因此裴注很为后世所推崇，与《水经注》《世说新语注》《昭明文选注》并称为“四大名注”。注还有音义、汇注、笺释、校注、合注、笺注、补注、集解等等不同的体裁和名称。

2. **补** 这是对原作进行掇拾遗缺的著述体裁，清代补缺之学很盛，如侯康的《补三国艺文志》、钱大昕的《补元史艺文志》、郝懿行的《补宋书刑法志》等。补的史料大多从正史中分散在纪传中和当时一些著述中的辑录出来以补足原书所缺。补体还有校补、拾补、拾遗、补脱、补正等等不同的名称。

3. **表** 这一体裁早在《史记》《汉书》中已开始采用，但在后来的各史中未能充分发挥作用，所以后世学者多把正史史料用表的形式加以整理，便于省览，使表渐渐成为一种独立的著述体裁。清初史学家万斯同的《历代史表》五十九卷是这方面负有盛名的著作，也是一部很有用的读史工具书。当时著名学者朱彝尊曾称赞《历代史表》的功用是“揽万里于尺寸之内，罗百世于方册之间”，这一评论可以说是言简意赅。

4. 谱 谱的作用与表相似，但又各有所用，表以系年月为主，谱以类事物为主。清人沈炳震的《廿一史四谱》类编了纪元、封爵、宰执、谥法四项典制的内容。另外还有类列人物生平的“年谱”，排列物类情况的“名物谱”和记述宗族支脉的“家谱”“宗谱”等等。谱体使同类事物汇聚布列以便检索参阅。

5. 考证 它包括对史书的本身和史书所记内容两个方面，既有独成专书的著作，也有散见笔记中的杂考。这一体裁宋代已见发达，如王应麟的《汉书艺文志考证》和洪迈的《容斋随笔》。清代考史的风气更盛，清初顾炎武所撰《日知录》开其端，乾嘉时期的钱大昕、王鸣盛和赵翼等人继起。他们对正史中的政治、经济、军事、历史、经学、法律、民族、音训、典制各方面的疑难错谬都以自己的读书所得加以考证。其中钱大昕的《廿二史考异》更是考史名作，他从中年开始撰著，直到七十岁才完成全书，可以说是一生精力所注之作。他不仅利用正史本身资料作本证，又参考了许多史书作旁证，仅订正宋史时就引书达六十余种。顾、钱等人的著作是考证群史的，还有单考一史的，如梁玉绳的《史记志疑》便是专门考证《史记》一书的专著。这类著作是前人花费相当精力的成果，对正史中的文字、事实、名物、地理、典制等进行整理、解释和订补，它可以起读正史的辅助作用，使后人的研究、著述工作能置于坚实可靠的基础之上。

开明书店的《二十五史补编》收印注、补、表、谱、考证等体著作有二百六十四种。《中国历史文献研究集刊》第四集刊登近人陈乃乾《二十四史注补表谱考证书籍简目》，收录比较完备，都便于查阅使用。

二十四史是我国通贯古今的一套史书，也是传递我国传统文化的主要渠道之一，在世界史学史以至文化史上都居于当之无愧的领先地位。千百年来，我们的先人从中接受知识和汲取精神力量，我们的民族和国家以有这样大量的丰功伟绩的明确记载而感到自豪，所以很有翻读的必要。但是，这样一部三千余卷、两千七百余万字的大书又从何读起呢？如果按日读一卷书计算，大约需要九年之工，这确是一个沉重的负担。其实，在读这样一部大书的时候也还有许多可以省力的地方。在二十四史中重点是前四史，这是应该比较详细地阅读的。前四史共四百四十五卷，如果两天读一卷则两年半可以全部读完，其余用较快的速度每日点读两卷，则三年也可全毕。再者，二十四史中有些部分可以略读和缓读，如天文、五行等志比较偏于专史性质，需要具备一定专业知识，可置于缓读地位；年表、月表和地理、职官等志是备检索查考之用的，可作为略读以掌握其查阅方法。二十四史还有一些人物和时代相重复的部分,如《史记》和《汉书》间,两《汉书》间,《汉书》和《三国志》间,《南史》和宋、齐、梁、陈诸书间,《北史》和北齐、北魏、北周诸书间,既可以比读两部史书,又因为所记事迹重出,易于熟悉,加速了阅读进度。这一大套史书经过这样的用功步骤,不仅能使读者在读书实践过程中提高阅读能力,培养钻研学术的兴趣,而且还能对中国数千年历史的主要史迹有一个大致了解,加强对传统文化的选择能力。

诸子百家

“诸子百家”之说，早在两千多年前的春秋战国时代就已出现。从先秦到汉初，我国在政治上、学术上出现了不少学派，如儒家、道家、阴阳家、法家、名家、墨家、纵横家、杂家、农家等。各家的代表人物都被尊称为“子”，如孔子、老子、墨子、荀子、韩非子等。据《汉书·艺文志》载“凡诸子百八十九家”，所以浑称“诸子百家”，是举成数而言。“诸子百家”既专指先秦诸子，也包括他们的学说。

诸子百家产生于春秋战国时代。那时，各国都想立国称霸，而要立国、称霸，必须得民。要得民，必须讲求治国之道。于是形形色色的政治家、思想家和科学家都纷纷提出见解，宣传游说，各家之说，“蜂虫并作”，各引一端，舌笔相攻，形成了诸子百家争鸣不已的局面。

当时的主要学派大致被分为八家：

一、道家

道家的创始人是老子。老子是个半神话式的智慧人物，据说生活在公元前6至公元5前世纪。姓李名耳，字伯阳，谥日聃，楚国苦县(今河南鹿邑县)人，曾作周藏室之史，著有《老子》，又名《道德经》。

老子是有极大智慧的古代哲学家。他观察了天地万物的变化和社会人事的成败祸福，在《道德经》中以“道”来说明宇宙万物的演变，提出“道生一，一生二，二生三，三生万物”，又说“人法地，地法天，天法道，道法自然”，否定上帝和鬼神的存在。“道”可以解释为客观的自然规律，同时又有着永恒绝对的本体意义。老子认为，一切事物都有正反两面的对立，有对立，才有变动。同时也意识到对立面在一定条件下互相转化，故有“祸兮福之所倚，福兮祸之所伏”及“柔弱胜刚强”之说，认为一切事物的生成变化都是“有”和“无”的统一，“有无相生”“有生于无”，这是老子学说的独到见解。他还指出“民不畏死，奈何以死惧之”的论题，以表示对统治阶级的不满与抨击。

老子认识到了事物的对立转化，却以为是简单地循环往复，看不到每一循环的过程是上升的发展；看到了深刻的社会矛盾，却又错误地认为是智者出现和技术发展的结果。所以他深恶“淫巧”，主张“绝圣弃智”，倒退到“邻国相望，鸡犬之声相闻，民至老死不相往来”的小国寡民的状态。

稍后的著名道家人物是庄子 (约公元前369 ~ 前286年)，名周，宋国蒙(今河南商丘东北)人，著有《庄子》。其文章汪洋恣肆,极富想象力,常以寓言故事的形式阐明哲学道理。

二、儒家

儒家的创始人孔子(公元前 552 ~ 前 479 年),是春秋末期伟大的思想家、政治家和教育家。名丘,字仲尼,鲁国陬邑(今山东曲阜)人。为人勤学好问,而学无常师。相传曾问礼于老聃,学乐于苌弘,学琴于师襄。年长,聚徒讲学,从事政治活动。年五十,曾任司寇。后周游列国,推行其政治主张,而终不见用。晚年致力教育,相传他删《诗》《书》,定《礼》《乐》,删修《春秋》,有生徒三千人,著名的七十余人。孔子的言论由他的弟子及再传弟子辑录为《论语》一书。

孔子的社会地位不高,生活接近于庶民,所以能看到民间的疾苦,主张“节用而爱人”,他反对横征暴敛,认为“苛政猛于虎”(《礼记·檀弓》)。在哲学思想上,孔子极力推崇“中立而不倚”的中庸思想,在政治、教育、行为、人伦等主张中都贯穿着这种思想。

孔子在教育上是有贡献的。他首创私学,收授门徒,并主张有教无类、因材施教、教学相长。他自己虚心好学,说“三人行,必有我师焉。择其善者而从之, 其不善者而改之”(《论语·述而》)。有“学而不厌、诲人不倦”的精神,治学态度是“毋意(不臆测)、毋必(不武断)、毋固(不固执)、毋我(不自以为是)” (《论语·子罕》) ,在学和思的关系上也有精当的见解。对待错误他主张“过则勿惮改”(《论语·子罕》),在学术上他虽主张“述而不作”,但在订定六经时去芜存精,也还是有取舍的,对保存古代珍贵典籍作出了积极的贡献。

孔子的学说中还包含着不少消极保守思想,如为维护贵族等级秩序而主张“君君、臣臣、父父、子子”,反对“犯上作乱”,要实行“民可使由之,不可使知之”的愚民政策等等。

孔子之学,三传而至孟轲。孟轲(约公元前372~前289年),字子舆,邹(今山东邹县东南)人,是孔子之后最著名的儒学大师,战国时的思想家、政治家、教育家。他自任为孔学继承人,著有《孟子》七篇,充分发挥了孔子学说的仁义部分。孟子主张“行仁政”,认为只有“不嗜杀人者”才能一统天下。提出“民贵君轻”,认定残暴的君王是独夫,诛独夫不是弑君。在君臣关系上,说“君之视臣如手足,则臣视君如腹心……君之视臣如土芥,则臣视君如寇仇”(《孟子·离娄下》)。他承认有先天的“良知”“良能”,但也重视后天的教育和自身的修养,要求达到“富贵不能淫,贫贱不能移,威武不能屈”。孟子大胆发挥孔子及西周时敬天保民的思想,成为封建时代最可宝贵的一种政治理论。但他关于“劳心者治人,劳力者治于人”的观点则完全是为统治阶级服务的。

荀子(名况)虽承儒学,而其思想却有别于孔孟。他批判和总结了先秦诸子的学术思想,对古代唯物主义有所发展。他反对天命和鬼神之说，认为“天行有常，不为尧存，不为桀亡”（《天论》），并大胆地提出人可以“制天命而用之”的人定胜天的思想。在政治上，他主张礼治与法治结合，特别是他“法后王”的思想是对儒学的批判。

三、墨家

墨家的创始人墨翟(约公元前468~前376年)，春秋战国之际的思想家、政治家。相传为宋国人，后长期居于鲁国。他出身于下层，自称“贱人”。曾“学儒者之业，受孔子之术”，后不满于儒学，便另立新说，聚徒讲学，成为儒家的对立学派。墨家以“非命”和“兼爱”的观点反对儒家的“天命”和“爱有差等”说，主张不分贵贱亲疏，“兼相爱，交相利”“赏贤罚暴”。他“非攻”的思想，反映了广大下层民众反对掠夺性战争的愿望；他“非乐”“节用”“节葬”等主张是对当权贵族奢侈享乐生活的抗议。他具有“摩顶放踵，利天下为之”的牺牲精神。墨子认为要天下大治“必使饥者得食，寒者得衣，劳者得息”，希望统治者改善劳动者的生活条件和经济地位。在认识论上，墨子提出“三表法”，即以前人经验、实际感知和符合国家人民利益为判断真假是非的标准，比之儒家强调“内省”更为深刻。

墨家的主要著作《墨子》是研究墨学的基本资料。

四、法家

法家是先秦时期主张法治的重要学派。早期法家的先驱者有春秋时期的齐管仲(?~公元前645,名夷吾)和郑子产(?~公元前522年,名公孙侨)等人。管仲提出的“仓廪实则知礼节,衣食足则知荣辱”“四维(礼、义、廉、耻)不张,国乃灭亡”(《管子·牧民》)等思想对后世都有深刻影响。子产为郑“铸刑鼎”,公布刑法、整顿田亩、反对迷信,郑国在“诸侯力政”的春秋能立身于晋楚两大霸国之间,实赖于子产治国有方。

秦国在东周时还比较落后,公元前361年孝公立,下令求贤。卫国人法家公孙鞅(后因仕秦有功,封于商,号商鞅)应募入秦,实行变法,得到孝公的支持。他重编户籍、奖励耕织、废除贵族世袭特权、奖励军功、推行法治,使秦国迅速强盛起来,终于吞灭六国,建立了中国第一个大一统的帝国。

法家的主要代表人物韩非,吸收了道、儒、墨各家的理论,使法家思想臻于成熟与完善。他是法家思想的集大成者,著有《韩非子》一书。他将商鞅的“法”、申不害的“术”和慎到的“势”三者合一,建立了以“法治”为中心的专制主义的政治理论。这对中国出现中央集权的统一国家是有积极意义的。

五、阴阳家

阴阳家的学说产生于人们改造自然的活动,由于对天象四时逐渐有所了解而形成了“五行”观念,即以金、木、水、火、土名五星,并用它比附地上万物,即所谓五材(金、木、水、火、土五种物质),又以五材相生、相克的关系说明事物的变化。至周,人们开始用阴阳观念来解释四时的更替，后又将自然界和人类社会的复杂现象高度概括为阴(--)、阳(—)两个基本范畴，并以阴、阳的交错配合来说明万事万物的不断发展变化。

到战国时期，随着这方面知识和经验的不断积累，就产生了以邹衍为代表的阴阳家。

邹衍，亦作驺衍，博学多才，尤长于天文、地理和历法。他把早期阴阳和五行的学说结合在一起，并加以附会扩充，成为阴阳五行理论。著《邹子》四十九篇，已佚。邹衍依据当时的自然知识和社会经验，对天地起源和政权衍变进行臆测，扩大了人们关于时间和空间的观念，活跃了人们的思维。但他据五行生克所造出来的"五德终始"(如水德克火德、火德克金德等)循环论却使人们对人类社会的变化及各王朝的盛衰更替形成了一种神秘主义的观念而流毒于后世。

六、纵横家

纵横家，指战国时从事政治、外交活动的一些谋士。虽被《汉书·艺文志》列为"九流"之一，实则不同于其他各家。他们是在春秋战国时期各国纷争、夺取霸权的活动中应运而生的一批人物。他们的言论不乏真知灼见，也很讲究表达技巧，因而颇具说服力。但同时却往往出于个人目的，极尽纵横捭阖之能事，取媚人君，以求显达。其中最有代表性的人物便是苏秦和张仪。

苏秦，战国时洛阳(今河南洛阳东)人，字季子，先后游说于周、秦、赵,都不受欢迎。当时秦势日强,使关东诸国大恐而谋求抗秦之计。苏秦有针对性地创合纵之说,先后说服燕、赵、韩、魏、齐、楚各国,佩六国相印,为约纵长,约定共同御秦之策。因此,“秦兵不敢窥函谷关十五年”。

张仪,魏人,曾受辱于楚,后入秦为相。推行有利于秦的连横策略,即说服六国分别与秦结好,使合纵终告解体。

苏秦有《苏子》三十一篇,张仪有《张子》十篇均佚。他们的思想缺乏中心主旨,只为谋求个人功名利禄而投时君所好,在各家思想中最为低下。

七、名家

名家亦称“刑(形)名家”或“辩者”,是战国时以辩论名实为主要内容的学派。主要代表人物有惠施、公孙龙以及邓析、尹文等。其著作有《邓析子》《尹文子》《惠子》《公孙龙子》等,除《公孙龙子》外,余皆早佚。名家诸子的观点,彼此不尽相同。如惠施代表性的观点是“合同异”。认为从宇宙万物总体来看,万物莫不“毕同”而又“毕异”,任何事物性质上的同异都可以在宇宙这个“大一”的范围内统一起来,便是“合同异”的理论。它夸大了事物的统一性,但也看到了事物之间差异的相对性,含有辩证的因素,对古代逻辑思想的发展有一定贡献。公孙龙具有代表性的命题是“离坚白”。认为白而坚的石头,其“坚”与“白”不能同时存在。用眼看,看不到它的“坚”,而只能看到它的“白”,这时

"坚"不存在;用手触摸,摸不到石头的"白",而只能摸到它的"坚",这时"白"不存在。所以说"坚""白"是分离的。"离坚白"的说法,只强调了两个概念的差异,而看不到二者之间的联系,从而陷入了形而上学。

名家的理论包含着某些辩证的因素,因而有其可取之处,但有些观点则难脱诡辩之嫌,如"鸡三足""白马非马"等说。

八、杂家

杂家是战国末期至汉代初期折中和糅合各学派思想的一部分学者,具有"兼儒墨、合名法"的特点。代表作是吕不韦主持编纂的《吕氏春秋》。吕不韦(? ~公元前235年),原为阳翟(今河南禹县)巨商,因与秦庄襄王交结而任秦相。他组织三千门客汇合先秦各派学说,编著《吕氏春秋》,又名《吕览》,内容以儒道思想为主,兼及名、法、墨、农及阴阳诸家,故称杂家。西汉时以淮南王刘安为首编纂的《淮南鸿烈》(唐以后始称《淮南子》),虽以道家思想为主,也杂糅了儒、法、阴阳诸家的学说,故列入杂家。《吕氏春秋》和《淮南子》都保存了先秦学术思想中不少有价值的资料。

除上述八家外,还有农家、小说家,合成"诸子十家"。十家之外,还有兵家、医家以及非儒非墨的杨朱学派等。

各家代表人物影响较大的有近百家之数。他们各有一套自以为可以安邦济世的理论,或聚徒讲学,或著书立说,或周游列国、驰说诸侯。他们一方面大力宣扬和推行本学派的主张，一方面驳斥其他学派的“谬说”，形成了争鸣的局面。加上齐宣王喜文学游说之士，封官赐爵者七十余人，并在齐的稷下设“稷下学宫”，招揽各学派学者数千人，当时驰名的即有淳于髡(kūn)、邹衍、田骈、接予、慎到、宋钘(xíng)、尹文、环渊、田巴、鲁仲连、荀况等。他们各抒己见，自由争辩，使当时争鸣的形势呈现出一派繁花似锦、目不暇接的空前繁荣局面。

当时儒家声势甚大。墨子首先起而反儒，他以“兼爱”反对儒家“亲亲有术”的等级制度，以“非乐”“节葬”反对儒家的繁缛礼乐和“贪于饮食、惰于作务”的不劳而食的思想，说孔子“盛容修饰以蛊世”“其道不可期世”“其学不可以导众”，对儒学的理论力予批驳，对孔子本人也大加指斥，说孔某剥下人的衣服换酒喝等等。对孔丘弟子也大张挞伐，说“其徒属弟子皆效孔某：子贡、季路，辅孔悝乱乎卫，阳货乱乎齐，佛肸(xī)以中牟叛，漆雕刑残”等等。

庄子对墨派的学说也不以为然，认为墨子的主张“其行难为”“不可以为圣人之道”，而墨子的理想必将是“求之不得”(不能实现)。

杨朱反对墨子“摩顶放踵，利天下为之”，而主张“存我为贵”“拔一毛而利天下，不为也”，说“人人不损一毫，人人不利天下，天下治矣”。

孟子则极力维护儒学，认为杨、墨之学是对儒学的一大威胁，因而大事攻击，说“杨氏为我，是无君也；墨子兼爱，是无父也；无君无父，是禽兽也”。

农家许行主张“贤者与民并耕而食”，抹煞了必要的社会分工。孟子对此痛加驳斥，强调一人不可能兼百工之事，因此也不可能在从事农业生产的同时兼治理天下之事。

荀子曾对十二位有影响的人物逐一批驳，认为孟子歪曲了孔子的本意来骗取群众；墨子强调实用、节俭而轻视等级；法家的慎到能制定法规而不能落实，无力治国；批评名家的惠施、邓析提出一些奇怪论点进行诡辩，也不能用它维护社会伦常秩序。

庄子除推崇老子和关尹外，对名法各家都有所批评。韩非认为当时众说纷纭只能惑乱人心，从根本上否定了诸子的争鸣，以求法家独存。

其实，诸子百家各有所长，也各有所短。后世学者作出了比较公允的评价。如《吕氏春秋·不二》和《史记·太史公自序》中都有较详尽的分析和评论。

秦始皇统一中国以后，独取法家思想治国，实行严刑峻法。由于正统儒派的抗争，而造成“焚书坑儒”的惨剧。

儒学经过一番厄运之后，随着秦王朝的覆灭而重新活跃起来。由于它在本质上维护封建统治阶级的利益，加上汉代儒学大师董仲舒的改造，吸收道家哲学及阴阳五行思想，突出宣扬“三纲五常”和“君权神授”，更适合统治阶级的需要，所以武帝断然罢黜百家，儒术被捧上了独尊的地位。在以后漫长的封建社会里，统治阶级不断按自己的需要对儒学加以改造，也始终以儒学作为维护统治地位的理论武器。

道学的影响也延续久远。汉初“黄老之治”、魏晋的玄学，都是道学的显赫时期。特别是到唐初，老子被冠以“太上玄元皇帝”的尊号，在政治上有着相当的影响力。但是，后来标榜的道家，多侧重于“清静无为”的消极方面。道家真正有价值的东西一方面变成了完善儒学统治术的重要因素；另一方面，如它的哲学思想和美学思想，是作为中华文化的精华得到世代继承的。

法家的思想在秦得到了完善和实现，其中不乏有效的治国之术，所以以后历朝历代都不可能弃而不用。汉代独尊儒术，实际却以儒法相表里便是明证。

阴阳五行说，起初有其科学价值，自演变出“五德终始”说之后，再经后世文人不断加工，则变成一种近乎宗教神学的唯心主义理论，统治阶级更利用其“天人感应”的思想作为他们进行合法统治的理论依据。

诸子百家之说，在以后的历史长河中各有其变化和兴衰的命运，但各家之说的关系正如班固所言是“相灭相生、相反相成”。历代统治阶级正是不断吸收各家之长，以完善自己的统治思想，这种思想也便深深影响于人民大众的意识，成为中华文化的重要组成部分。

随着时代的演进，诸子百家的界限益趋模糊，然而对各家思想的研究代不乏人，因而各学派思想的流风遗绪不绝如缕。

儒家既得独尊之位，其著作之流传自是名正言顺。不仅孔子删定的五经，连记录孔子及其学派诸子言行的四书也被官方指定为必读经典。自汉至民国有关阐释《论语》的书约有三百种之多，其中有名的注疏本有三国魏何晏的《论语集解》、南北朝梁皇侃的《论语义疏》、宋邢昺(bǐng)的《论语正义》和朱熹的《论语集注》、清刘宝楠的《论语正义》、今人杨伯峻的《论语译注》等。《孟子》有名的注释本有东汉赵岐《孟子章句》、南宋朱熹《孟子集注》、清焦循《孟子正义》和兰州大学中文系的《孟子译注》等。其他如《荀子》《墨子》《庄子》《韩非子》等各家著作，后世也多有注本和研究成果，丰富了中国传统文化的宝库。

对先秦诸子的著作，人们很早就注意收集并开始著录。子书的范围是“自六经以外立说者皆子书也”。也就是说，把儒家以外的诸子学说都列入子部。西汉刘歆《七略》始立《诸子略》一类。《汉书·艺文志》依《七略》之旧将诸子分为十家。晋荀勖编《中经新簿》分甲、乙、丙、丁四部，乙部即收录子书，东晋李充更定甲乙丙丁排次，子书归为丙部。《隋书·经籍志》则正式以经、史、子、集命名四部，千年以来相沿不改，子书成为中国文献一大类别。但后世子部界限日趋庞杂，如《四库全书》将难纳入经、史、集部的书统统归入子部，使子部成了几乎无所不包的大杂烩。除诸子各家之外，天文算法、术数、艺术、谱录、类书、释家均归子部，共十四类二十五属，甚至命书、相书、器物、食谱、鸟兽虫鱼、杂事、杂品、异闻、琐语等亦被塞入其中，形成了凌乱不堪的子部，与最初的子书概念已相去甚远了。

秦汉以后，由于诸子各家思想的延续、发展，产生了像汉王充《论衡》、晋葛洪《抱朴子》等一批新的子书，也出现了像今本《列子》《晏子春秋》等一批自称"古本"的伪托之作。这些，时人均列入子书。

为便于保存和查阅，明人将子书辑为多种丛书。仅嘉靖年间的诸子丛书就有《十二子》《六子全书》《六子书》等。其后则有明归有光辑《诸子汇函》(收九十三子)、清崇文书局辑《子书百家》(一名《百子全书》)、浙江书局辑《二十二子》《子书二十二种》、民国时五凤楼主人辑《子书四十八种》等。影响较大的是民国国学整理社辑的《诸子集成》(1935年世界书局排印本)，1958年中华书局重印，近年数家出版社均有影印版出版。

集

“集”是中国古籍分类四分法中的一大部类。它的类名虽始定于《隋书·经籍志》，但它所著录的文献内容却早已包含在中国第一部分类目录——《七略》之中。《七略》的“诗赋略”中包括歌诗、屈原等赋、陆贾等赋、孙(荀)卿等赋、杂赋五个部分。第一部史志目录班固的《汉书·艺文志》根据《七略》仍保留诗赋略这一类，后来晋《中经新簿》的丁部、梁《七录》的“文集录”、《隋书·经籍志》的“集部”，直至《四库全书》的“集部”，都是从诗赋略一脉相承而来的。

为什么集部最早以诗赋略为类名呢？因为它以收集诗赋为主。诗歌是各种文学样式中最早诞生的一种。古人对诗与歌是有区别的，认为“诵其言谓之诗，咏其声谓之歌”。原始人民的诗歌是口口相传的，商、周时代始有文字记载的诗歌。当时的不少诗歌反映了下层民众的喜怒哀乐，一些采诗官便到民间采集来供王者“观风俗，知得失”，并将民间诗歌编辑成为最初的总集。我国第一部诗歌总集——《诗经》就是这样产生的，但因汉代将它列为儒家经典，划归“经部”，而未入“集部”。

集部包含楚辞、别集、总集等内容始于阮孝绪《七录》，以后的图书分类大致历代相沿，如《隋书·经籍志》《古今书录》《旧唐书·经籍志》《新唐书·艺文志》《郡斋读书志》《遂初堂书目》《宋史·艺文志》等都基本相同。《宋志》加“文史类”，共四类。《明志》去“楚辞类”，仅剩三类。清《四库全书》则在“楚辞”“别集”“总集”之后增加“诗文评”和“词曲”二类，共五类。现分述如下：

一、楚辞

楚辞是战国时代以屈原为代表的楚国人创作的诗歌，是《诗经》以后的一种新诗体。“楚辞”之名不知起于何时，汉成帝时，刘向整理古籍，把屈原、宋玉等人的作品编集成书，定名为《楚辞》，成为一部总集的名称。最早收入楚辞目的是《七略》的“诗赋略”。其中对屈原、宋玉的作品不称“楚辞”而称“赋”，这是因为汉代对楚辞和汉赋一般混称为赋。其实，在文学体裁的分类上两者是截然不同的：楚辞是诗歌，赋是押韵的散文。

楚辞的代表作品是屈原的《离骚》。伟大的爱国诗人屈原，名平，是楚国一个没落贵族。他忠君爱国，却受到排挤和打击，以至被放逐。在楚国面临危亡的形势下，他渴望竭忠尽智，却“信而见疑，忠而被谤”。诗人忧愁幽思、感慨万端，将其爱国的理想和报国无门的沉痛感情熔铸成了这篇光耀千古的浪漫主义杰作——《离骚》。《离骚》是我国古典文学中最长的抒情诗，它具有深刻的思想性和高度的艺术性，对中国以后历代的文学产生了深远的影响。

盛极一时的汉赋就是在《诗经》和楚辞的影响下产生的一种文体，在当时占有引人注目的地位。班固认为赋是贤人失志之作，当时的著名辞赋家如贾谊、司马相如、扬雄等都是一代名流。

二、别集

别集起源于何时？一般认为始于东汉。别集的情况比较复杂，其编排体例大致可分为四种：

1. 按诗文分编。如《李太白集》，收唐李白(字太白)的诗与文共三十卷。其中诗二十五卷，文四卷，诗文拾遗一卷。

2. 按内容分编。如清阮元的《揅经室集》，将其经类文章、史类文章、子类文章及文诗分别编排。

3. 按写作年代分编。如《杜少陵集》，按杜甫创作的五个时期的先后顺序编排。即“安史之乱”以前、“安史之乱”时期、入蜀途中、定居成都和离开成都之后。

4. 几种编排法混用。如《曝书亭集》，清朱彝尊撰。其作品按体裁编排，分赋(一卷)、诗(二十二卷)、词(七卷)、杂文(五十卷)，附录乐府(一卷)。其中诗赋按时间顺序编排，杂文又按体裁分为二十六类。

别集，既作为集部的一个类名，又可作某一别集中区别于正集的名称。或用以显示作者专长，如李白、杜甫以诗见长，则将其文列入别集；或为区别学术观点，如清潘耒《遂初堂诗集》，包含诗集十五卷、文集二十卷、别集四卷，其别集是关于佛教和道家的论述。也有在重刻时将补遗部分称为别集的，如宋陆游的《放翁诗选》前集十卷、后集八卷、别集一卷，其别集是后人所补入的陆游诗作。

在一些别集中常有附录若干卷，将作者的行状、墓志、赞铭等资料别为卷次，附于别集之后。如北宋欧阳修所撰《欧阳文忠集》，有附录五卷，前附年谱，后附行状、墓志、传文等，这些资料对研究作者生平有一定的参考价值。也有的附录附收他人著作，其中又有两种情况：一是附收作者亲属之作，一是编者将自己的著作附刻于他人别集之后，意在附骥。如清徐倬《蘋村类稿》，附录两卷收其子徐元正的诗文。

别集的命名五花八门，或用姓名，或用字号，或用官衔，或用籍贯，不胜枚举。

1. 以作者本名命名。如《温庭筠诗集》《诸葛亮集》等。古代人认为直接用作者的名字作集名是一种不太尊重作者的作法，因而在古籍中直接用作者姓名名集的为数甚少。解放后整理出版的一些别集则多以本名作集名，如《柳宗元集》（吴文治等校点，中华书局 1979 年版，全四册）。

2. 以作者字命名。如《孟东野集》，撰者是唐孟郊，字东野，故名。

3．以作者号命名。如宋黄庭坚，号山谷老人，故集称《山谷全集》。

4．以斋室命名。如清廖燕家有二十七松堂，故集称《二十七松堂集》。

5．以官衔命名。有以作者初官名集的，如汉班固初除兰台令史，集称《班兰台集》。有以终官名集的，如南朝梁何逊官至水部员外郎，集称《何水部集》。有以谪官名集的，如汉贾谊谪为长沙王太傅，故集称《贾长沙集》。有以赠官名集的，如宋魏野追赠秘书省著作郎，秘书省为汉设掌管图书的官府，而汉代东观为藏书之所，著作郎常在东观，故称魏野的文集为《东观集》。

6．以谥号命名。宋范仲淹谥号文正，故集名《范文正公全集》。也有以私谥名集的，如元吴莱死后，其门人宋濂等私谥为渊颖先生，故集称《渊颖集》。

7．以封号命名。如唐颜真卿封鲁郡公，其集名为《颜鲁公集》。

8．以地名命名的。有的以作者籍贯名集，唐柳宗元，河东人，集称《河东先生集》。有以居住地名集的，如唐陆龟蒙，以其曾住甫里，故集称《甫里集》。有以别墅所在地名集的，如唐许浑别墅在润州丁卯桥，故名其集曰《丁卯集》。有以所爱之地命名的，如宋陆游在蜀多年，“乐其风土，有终焉之志”，后诏令其东下，"然心未尝一日忘蜀"，故题其平生所作诗卷曰《剑南诗稿》。剑南，唐道名，即今四川剑阁以南、大江以北地区，故用以代蜀。

9．以时间命名的。以作者撰写作品或编辑成集的时间作为集名，如《元氏长庆集》，唐元稹撰，穆宗长庆年间结集，故名。

此外，还有以集名表志向的，有据典故名集的，有用古文句为集名的。如宋卫泾的《后乐集》，就是取范仲淹《岳阳楼记》中"先天下之忧而忧，后天下之乐而乐"的名句含义为别集命名的。还有以卦名命名的，宋王禹偁(chēng)，三次遭贬而作《三黜赋》，集成之后，以《易》卜卦，得乾之小畜卦，因以"小畜"名集。有的一人之集，从不同角度命名，就形成一集多名的现象，如文天祥的集子就有《文山全集》《文山先生全集》《文忠烈公全集》《文丞相全集》《庐陵文丞相全集》《文信国公集》《文山集》《文山别集》《文信国公全集》等名目。

三、总集

凡诸家作品的综合集称总集。它起源甚早。《诗经》《楚辞》都是早期的诗歌总集。由于《诗》入于经，楚辞又被当作一地(楚地)之作，故均不视为总集。集部的总集究竟始于何书？说法颇不一致。《隋书·经籍志》和《四库全书总目提要》都主张总集以晋挚虞的《文章流别集》为始。

《文章流别集》分集、志、论三种，即《文章流别集》《文章流别志》和《文章流别论》。"集"选文，"志"是目录和作家简历，

“论”则评述文章的源流高低。这是很有价值的一部总集,其书虽佚,其论尚散见《艺文类聚》中。

挚虞之后,总集之影响最大者,当推梁昭明太子萧统所编的《文选》(亦称《昭明文选》)。

《文选》是我国现存最早的一部诗文总集。它选录了上起周代,下迄梁朝,前后近八百年间的诗文辞赋七万多篇(首)。选录的标准特重文采,“事出于沈思,义归乎翰藻”。就是说,构思深沉、词藻华丽的作品才能入选。《文选》一书,对后世影响很大,自萧该著《文选音》开了研究和注释《文选》的先河,从隋代曹宪之后逐渐形成了专门学问——文选学。历代注本甚多,而其中最有价值和代表性的要算是唐李善的《文选注》了。李善注《文选》征引群书达一千六百八十九种,参考资料遍及经、史、子、集及文字、训诂、佛经等,故自来有“淹贯古今”的评价。与《水经注》《三国志注》《世说新语注》合称中国古籍中的“四大名注”。后代编纂文章总集的大都参照《文选》体例。宋李昉(fǎng)编的《文苑英华》所录诗文起于梁末,用以上接《文选》,且其分类编辑,体例也与《文选》大致相同。

《文选》的衡文标准不无片面之处,加之不收经、史、子类,就难免遗漏一些优秀的文学作品。但《文选》在划分文学与非文学的界限方面,认识更进一步,对以后文学的繁荣都具有一定的作用。再则《文选》保存了大量优秀作品,为后代研究从先秦到南北朝的文学发展提供了有价值的材料。

《文选》之后，诗文总集层出不穷，或为“全集”性的，如《全上古三代秦汉三国六朝文》《全唐文》《全宋词》等；或为选集性的，如《古诗源》《古文观止》等。

总集就其编排特点可分为三大类：

1. 按时代编排。有通代的，如《文选》《文章正宗》等；有断代的，如《唐文粹》《宋文鉴》《明文衡》《清文汇》《全唐诗》《全宋词》以及近期出版的《全宋文》等。

2. 按文学作品体裁编排。有专辑历代同一体裁文学作品的，如《全汉三国晋南北朝诗》《玉台新咏》《历代赋汇》等；有专辑一代某一体裁作品的，如《明诗别裁》《宋诗抄》等；有汇辑各种文学体裁的，如《文苑英华》《唐文粹》等。

3. 按文学流派编排。如《西昆酬唱集》《花间集》等。

因为总集是收集一代或几代文学作品的，特别是全集性的总集，是尽可能求全的，这样就保存了大量的文学资料，对后世研究前代的文学作品提供了比较系统、完备的材料，因而就具有特别重要的价值。许多古典作品因年代久远而残缺不全，可用总集校补，甚至有的别集久已亡佚，却可依赖总集辑佚成书。如唐张说的《张燕公集》，虽有传本，仅二十五卷，原本三十卷，用《文苑英华》互校，补出遗漏的杂文六十一篇。《四部丛刊》本的《李义山文集》(唐李商隐撰)，五卷，是从《唐文粹》和《文苑英华》等总集中辑抄而成的。

四、诗文评

这一类目的设置始于《四库全书》。论文品诗的书入于本类。对诗文优劣的评论及诗文创作的理论概括，首先散见于“六经”和诸子著作，虽不乏真知灼见，毕竟是零金碎玉，不够系统和全面。随着诗文作品的大量涌现，才逐渐产生了专门从事文学批评的专论，如魏晋时期曹丕的《典论》、陆机的《文赋》。我国古典文学理论批评的第一部系统专著是《文心雕龙》。

《文心雕龙》，南朝梁刘勰撰。它全面地继承我国一千多年文学理论的成果，系统地总结了自商周至齐梁时期文学创作的经验，建立了比较完整的古代文学理论的体系，对后代文学创作及文艺理论的发展都产生了深远影响。全书分上、下编，各二十五篇。内容可归纳为总论、文体论、创作论和总序四个部分。全书精辟地论述了文学与时代政治，艺术创作与形象思维，文学体裁与风格，内容与形式，继承与批判等文艺理论方面的诸多重要问题，抨击了当时片面追求形式主义的文风。在我国文学批评史上，第一次把文学发展描写为一个不断运动、变化、发展的过程，并力图揭示其内在联系，这是前无古人的杰出贡献。

稍后于《文心雕龙》的《诗品》，是文学批评的又一部杰作。《诗品》，南朝梁钟嵘撰，是现存我国最早的一部诗歌评论专著。它系统地论述了从汉魏到南朝齐梁时代的五言诗，并将其间一百二十二个诗人分为上、中、下三品，分品论人，故名《诗品》。又在品第之外，评论诗作之优劣，故又称《诗评》。《隋书·经籍志》著录“《诗评》三卷，钟嵘撰，或曰《诗品》”，后世则只称《诗品》了。《诗品》对不少诗人作了比较具体的分析，指出其创作特色及渊源流变，对诗歌提出了一些原则性的看法，并批评了当时的不良诗风。《诗品》所涉及的一般理论问题，有的至今还有借鉴意义。

唐宋以后，诗文评的著作增多，一类是诗话，一类是诗纪事。

诗话，或评论诗歌、诗人、诗派，或记录诗人言论、轶事，或兼论诗歌创作的原则，是我国文学理论批评和文学史的重要资料。历代诗话著作甚多，但篇幅短小、分散，不便检阅，于是遂有诗话丛书的编辑。重要的诗话丛书有三部：

1.《历代诗话》，清何文涣辑。汇刻钟嵘《诗品》至宋、元、明诗话计二十七种。

2.《历代诗话续编》，丁福保辑。实际是《历代诗话》的补编，收唐、宋、金、元、明诗话二十八种。

3.《清诗话》，丁福保辑。专收清代诗话，计四十二种。

此外，还有一些重要的诗话，如南宋胡仔纂集的《苕溪渔隐丛话》、魏庆之编的《诗人玉屑》、清袁枚所撰《随园诗话》和近人梁启超所撰《饮冰室诗话》等，也都颇受重视。

诗纪事，是诗文评中的一部分，它兼具诗歌评论与诗歌史料的性质。首先写诗纪事的是南宋计有功，作《唐诗纪事》，收录唐代诗人一千余家。在每个诗人名下，或录其诗，或兼及本事，或采集评论，或撮述生平。这样系统地搜集整理工作，对保存一代诗歌文献具有重要的意义，故后代多所仿制，如清厉鹗的《宋诗纪事》、近代陈衍的《辽诗纪事》、陈田的《明诗纪事》等。

评文的论著，如《文章缘起》《文章辨体》《文章精义》《文体明辨》《文则》《文说》《文概》《文学津梁》《论文集要》等等，或论文体的缘起，或论修辞，或解说体式，或评论文章的工拙繁简、源流得失等，在文艺理论上都具有参考价值。

五、词曲类

这是《四库全书·集部》的最后一类。此类之下又分词集、词选、词话、词谱、词韵和南北曲六属。这类著作虽被收入集部，但《四库全书总目》的作者对词曲的文学价值却认识不足，认为“厥品颇卑，作者弗贵”，虽“未可全斥为俳优”，然而只能“附之篇终”。于词分为五类，而曲“则惟录品题论断之词”，其“曲文则不录焉”。

词由诗演变而来，故有“诗余”之称。它始于中唐，盛于宋代。宋代词坛，名家辈出。而自苏轼、陆游、辛弃疾之后，词作展现了新的风貌，打破了以前专写男女恋情、离愁别恨的俗套，为词开拓了新的创作领域。以后历代出现了众多的词人和大量的作品，词的别集、总集也就随之产生了。

词集，收录词别集。如宋晏殊的《珠玉词》，柳永的《乐章集》、苏轼的《东坡乐府》、李清照的《漱玉词》、辛弃疾的《稼轩长短句》等。

词选，收录词总集。后蜀赵崇祚编的《花间集》是较早的词总集。以后有宋人黄异编的《花庵词选》、周密编的《绝妙好词》等；明人毛晋编的《宋六十名家词》、陈耀文编的《花草粹编》等；清人朱彝尊编的《词综》、沈辰坦等编的《历代诗余》等；今人唐圭璋编的《全宋词》、胡云翼编的《宋词选》等。

词评类的书有宋胡仔所撰《苕溪渔隐丛话》、张炎所撰《词源》、明杨慎所撰《词品》以及近人王国维所撰《人间词话》等。

词谱、词韵，收录有关填词谱式及押韵的书。唐宋两代没有词谱，至明清两代，词谱著作才逐渐增多。如张綖的《诗余图谱》、清万树的《词律》及清《钦定词谱》等。

曲作为一种新诗体，形成于宋金，大盛于元明。曲有南曲、北曲之分，北曲又有杂剧、散曲之别。杂剧是长曲，有科(动作指示)白(道白)；散曲则短小而无科白，形式与词相似。元代曲作家可考有二百多人，明代曲作家三百多人。曲作家最著名的是关汉卿和王实甫，他们的《窦娥冤》和《西厢记》都是脍炙人口的名作。散曲总集有《梨园按试乐府新声》《乐府群玉》(均为元无名氏辑)、元杨朝英选辑的《阳春白雪》和《太平乐府》，即所谓“杨氏二选”，明人辑的《盛世新声》《乐府群玉》、陈所闻编的《南北宫词记》、今人隋树森编的《全元散曲》、王季思主编的《元散曲选注》等。谈曲谱的书有康熙间的《钦定曲谱》等。谈曲韵的有元周德清的《中原音韵》等。

集部之书，自“诗赋略”开始，就以专收文学性的作品为主。演变为四部的集部以后，依然以文学作品为主要收录对象，但又并非如此绝对。如有的论学记事的个人别集也混杂其间，有的存人存事之作也混入总集；反之，纯为文学的词曲、小说反而没有得到应有的地位，甚至未被立类，也许在今后图书分类编目的发展过程中能得到妥善合理的解决。

类书

文化的传递需要图书，但图书内容往往包含着多方面，同类内容又往往散在各种图书中，都不便查阅和使用，因此就把各种图书中同类或相近类的资料，或按问题分类，或按字分韻，加以汇集在一起，成为一种便于省览、记忆和检索的资料类编，它就是类书。

类书的起源，有各种不同的说法。

有人认为，类书起源于杂家著作的《吕氏春秋》。《吕氏春秋》虽然出于众手，采择资料范围较广，但并不是抄纂各种图书中的同类内容汇编而成，不能算作类书。

有人认为，《淮南子》是最早的类书，因为它是荟萃诸子，旁搜异闻，并把内容分为阴阳、造化、天文、地理、四夷、百蛮、昆虫、草木等类，很像类书。但它中心主旨是用各种资料来表达老庄思想，不是单纯的文献汇编，也不能算类书。

《吕氏春秋》和《淮南子》这些书虽与后来类书体例不甚相合，但从它分类会聚的编撰体例来看，却给后来类书的编纂以启示。

东汉以后，由于文章日趋繁富，追求形式整齐，喜欢在文章中采用典故，可是当时得书条件还很差，于是人们各就所需，从各种文献典籍中分类抄纂，这也为正式编纂类书开辟了道路。

最早的正式类书究竟是哪一部书呢？宋朝的学者曾提出两种不同的说法：

一种是《郡斋读书志》的作者晁公武提出的。他认为梁元帝(公元 552~554 年)所撰《同姓名录》三卷是类书之始，清朝所编《四库全书总目》也同意此说。

另一种是《玉海》的编者王应麟提出的。他认为类书始于曹丕组织编纂的《皇览》。清末张之洞编写《书目答问》把《皇览》的辑本列于“类书类”之首，承认《皇览》为最早的类书。《四库全书总目》在另一处又说“类书始于《皇览》”，显然与上说自相矛盾。

《皇览》的编纂情况在《三国志》的有关纪传中曾有所记载。《皇览》是魏文帝曹丕在黄初年间，组织刘劭、王象等学者从五经群书中，按类辑录有关资料，分编成四十余部，每部又分几十篇，全书共有千余篇八百多万字，题名《皇览》。从命名上看，编这样一部大书主要是供皇帝翻检省览的。可惜这部大书早已亡佚，清朝辑佚家孙冯翼曾有辑本一卷，收入《问经堂丛书》。

《皇览》成书在黄初时，黄初是魏文帝曹丕的年号，在公元 220 至 226 年间。《同姓名录》成书在梁元帝承圣时，是公元

552 至 554 年间。《皇览》成书早于《同姓名录》三百余年，所以应以《皇览》为类书之始。

类书从《皇览》以后，日益发展，它的发展进程，大抵可分三期。

六朝到唐是类书的创始期。

六朝由于骈俪文兴起，文人讲究辞藻，争相搜求故事僻典，纷纷抄撮字句，所以继《皇览》之后，就有《语对》一类专门汇集辞藻的类书出现。唐代又有供为政参考的类书。所以类书数量日增，《隋书·经籍志》著录的类书有两千余卷，唐代也成书万卷，可惜这些书大多亡佚，现存者可举数种主要者为例：

1.《北堂书钞》，隋时虞世南编，原书是一百七十三卷，八十部，八百零一类，今已不可得。现在通行本是明万历时的刊本，共一百六十卷，十九部，八百五十一类。这个刊本由于随意增删而失去原书面貌。清朝学者孙星衍、王引之等曾对明刊本加以校订，有光绪刊本，略胜于明刊本。《北堂书钞》是现存比较完整的最早类书。书中汇集的资料多出自隋以前的图书，这些图书多已亡佚，所以《北堂书钞》对辑佚、校勘有一定的作用。

2.《艺文类聚》，唐初欧阳询等人奉命纂集，共一百卷、四十六部、七百二十七目。全书有事有文，而且不是截取片段，而是整篇收录。它收录了唐以前的古籍一千四百余种，起到了保存历史文献的功用。

3.《群书治要》，唐太宗命魏征等人所编，共五十卷。它从六经诸子中，把从古代五帝到晋朝止的有关治理国家大要的文献辑录成一书，它虽和《皇览》性质相同，但汇集文献的方法不同。《群书治要》所收的文献多是完篇整段。

4.《初学记》，过去所编类书篇帙过大，使用不便，唐玄宗为便于他的皇子们作文时检索典故，特命徐坚等人撰《初学记》。共三十卷，二十三部，三百一十三目。每目分叙事、事对和诗文三部分。这与一般类书略有不同。在唐人类书中，它虽不如《艺文类聚》博，却选录较精，胜过《北堂书钞》等书。

宋代是类书的发展时期。

宋代类书之所以发展，主要有三个原因：一是撰作诗词骈文，需要有按类分编的词藻典故供采择；二是科举考试，需要类书备作文时检索；三是最重要的政治原因，宋统一后，对待各国降臣采取宽容政策，但不在政治上加以重用，于是举办编纂大书活动，安置降臣和消磨他们的意志。于是编纂了一些取材广泛、内容丰富、数量多、篇帙大的类书，就《宋史·艺文志》所著录的类书已达一万余卷。其中《太平御览》一书对后世影响极大。

《太平御览》是宋太宗主持编纂的一部具有百科性质的大类书。它开始于太平兴国二年三月十七日（公元977年4月8日），成书于太平兴国八年十二月十九日（公元984年1月24日），历时六年九个多月。参加主要编撰工作的有李昉、扈蒙、徐铉、吴淑等十余位重要大臣和著名学者。吴淑、吕文仲、王克贞三人则是专心致志从事编务的学者，其中的吴淑是一位富有经验的类书专家，曾独力编纂过一部三十卷的《事类赋》。《事类赋》更是一部流传广、利用多、对后世颇有影响的私撰类书。

《太平御览》原名《太平总类》，在全书将要完成时，宋太宗为炫耀自己的好学和提倡文治，曾要求每日送阅三卷，用一年时间审定成书，并改题《太平御览》，表示这是经过太宗皇帝亲自看过的。

《太平御览》篇帙宏富，有一千卷之多。它有几方面的资料来源：一是过去的类书，如唐《文思博要》和北齐《修文殿御览》等；二是宋朝国家藏书机构三馆中所保存的晋唐以来古籍。所引用的资料，达一千六百九十余种(一说有两千五百八十种左右)，其中有十之七八到两宋之间已流传甚少，宋代的学者洪迈和陈振孙、明代的学者胡应麟都曾评论过这一价值。

《太平御览》汇聚大量文献，为便于检用分为五十五部，一千卷，五千三百六十三类，还有六十三个附类，总合有五千四百二十六类。它分五十五部不是随意确定，而是有典故出处的，因为《易·系辞》里有段话说："天一、地二、天三、地四、天五、地六、天七、地八、天九、地十。天数五，地数五，五位相得而各有合。天数二十有五，地数三十，凡天地之数五十有五。"意思是天的五个方面总加起来是二十五，地的五个方面总加起来是三十，天和地相合是五十五,因此这五十五就表示包罗万象了。五十五部包括天地人事、州郡职官、礼仪治刑、释道服饰、工艺器物、珍宝布帛、百谷饮食、神鬼妖异、羽兽鳞介、果木百卉等等,足以表明此书收罗广富。各部之下分类更细,但不免部与部间有重类的地方,所以有的记载说四千五百五十八类。除了类目重复外,《太平御览》引用书名多有错乱异名、误抄难懂和题名与引文不符种种不足的地方,应引起使用者的重视。

《太平御览》虽有缺点,但还是有很高的参考价值的。它所引用的古书,十之七八已经失传,后世靠此书还能了解到宋以前某些佚书的概貌,有些有用的古书,如农业技术专著《氾胜之书》早于《齐民要术》几十年,可惜早已失传,只有从《太平御览》中去寻求了解。它保存的古地理书就达三百多种。这不仅保存了不少失传古书的零篇残简,还对后人为恢复古书面貌、传递传统文化的辑佚工作有重大的贡献。它是保存宋以前文献一部最大的类书。

宋朝另一部千卷大类书是《册府元龟》。它是宋真宗创议编撰的。宋真宗羡慕他父亲太宗主持编纂了几部大类书,也准备编一部千卷大书,于是在景德二年(公元1005年)命令王钦若、杨亿、钱惟演等人编纂一部以历代君臣事迹为主的大类书,初名《历代君臣事迹》,书成以后,真宗改题作《册府元龟》,"册府"指古代帝王藏书的地方,"元龟"指"龟鉴",即借鉴的意思。

这部类书从景德二年九月开始，历经八年，到大中祥符六年完成。共一千卷，三十一部，一千一百一十六门。它虽与《太平御览》卷数相同，但各卷容量较大，所以总字数大约超过《太平御览》一倍，有九百余万字，是《四库全书》所收书中仅次于《佩文韵府》的第二部大书。

《册府元龟》的编纂特点是：1. 它对所采录的资料，不改旧文，即使有错讹或不恰当处，也只在原文下加注释；2. 它所采录的资料都是正经正史，而不采录异闻小说；3. 它在每部前写总序，门前写小序，所以有总序三十一篇，小序一千一百一十六篇。总序一般千余字，最长的一篇有万余字，小序一般是一二百字。这些序都写得言简意赅，有助于使用本书。

《册府元龟》由于所采录的多是常见书，加以所引资料不注出处，所以自宋至清不为学术界所重视。直至近代，始为著名史学家陈垣先生所注意，陈先生认为这部书材料丰富，自上古至五代，按人、事、物，分门编纂，概括了全部十七史。它所收的史书都是北宋以前古本，所以可用来补史、校史。清朝的辑佚学家没有利用这部书实在是一大缺憾。自从陈先生充分肯定了这部书的史源价值后，研究它、利用它的学者日益增多。

宋朝除了官撰类书外，还有私人编纂类书的，王应麟的《玉海》可算是代表作。《玉海》共二百卷，分二十一部，二百四十余类，征引的资料遍及经史子集。这是一部内容比较繁富完备的类书。

明清两朝是类书的兴盛期。

明成祖在靖难之役后，为了笼络人心，拉笼知识分子，便组织大批人手，编成一部卷帙空前浩繁的大类书《永乐大典》。这不仅是明朝类书编纂中的突出成绩，也在中国类书发展史上居于首位。

《永乐大典》的编纂始于永乐元年(公元 1403 年)七月，指定解缙等人负责，并规定了编纂宗旨与体例。第二年十一月书成进呈，定名为《文献大成》。不久，明成祖嫌所编内容不够完备，于是又命令重修，增派姚广孝、刘季篪(chī)与解缙共主其事，又增设大臣、学者担任具体领导工作，全部工作人员达两千一百多人，到永乐六年(公元 1408 年)冬，全书告成，改赐名《永乐大典》。

《永乐大典》采录上古至明初的重要典籍近八千种，共二万二千八百七十七卷，另凡例、目录六十卷，装订成一万一千零九十五册，约三亿七千万字。这是中国历史上规模最大、内容最丰富的巨型类书，在世界文化史上占有重要地位。全书根据"用韵以统事，用字以系事"的编排方法，按《洪武正韵》分列单字，每一单字之下，先译注音韵训释，备录篆隶楷草各种字体，最后汇辑各书中与此单字相联有关的天文、地理、人事、名物以及诗词典故、杂艺等各项记载。凡单字注释、引文的书名、作者都用红字标出，颇为醒目。

《永乐大典》比较完整地保存了较多的古人文献,如元以前的佚文秘典,世无传本的,多赖它全部或全篇地保存下来,成为后人辑录古佚书的重要源泉,清初学者全祖望开始从事这项工作。乾隆时编纂《四库全书》,就从中辑录数百种,采收了三百余种,其中《旧五代史》《续资治通鉴长编》《直斋书录解题》等著名当代的典籍都是从《永乐大典》中辑出来的。嘉庆时徐松又从中辑出《宋会要》五百卷,为研究了解宋朝文化典制开辟了重要史源。《永乐大典》不仅收录正经正史著作,也收录有关农业、手工业、科技、医药等对民生日用有益的大量资料。它不愧是中国文化的转运总库。

《永乐大典》成书后,只缮写了一部,后随明成祖迁都而运至北京储存。明世宗嘉靖四十一年(公元 1562 年)八月,为避免意外灾难,又组织重录副本,历时五年,到穆宗隆庆元年(公元 1567 年),重录工作完成,储藏在皇史宬。正本在明末已下落不明,副本也陆续散佚,至清光绪后期,仅存八百余册,八国联军入北京,绝大部分被烧,残余部分也被各帝国主义劫掠,这是对中国文化,甚至世界文化一种野蛮的摧毁。1959 年中华书局根据历年征集到的七百三十卷影印出版。1986 年,中华书局又增入新征集到的残卷,合计正文七百九十七卷、目录六十卷影印精装十册出版,使更多的人可以看到《永乐大典》的样式和内容体例等。

在《永乐大典》之外，明朝私纂类书也不少，但都无法和《永乐大典》相比。

清朝类书在前代发展基础上，有显著进展，其体例之精、种类之多、规模之盛、检索之便，颇多超越前代之处。康熙朝始修的《古今图书集成》可算清朝类书的代表。

《古今图书集成》是康熙时学者陈梦雷奉命编纂的一部类书。该书从康熙四十年十月正式开始编修，至四十五年四月成书，命名为《古今图书汇编》，当时未刊行。雍正初，原编者陈梦雷因政争问题牵连，被加罪流放，改派蒋廷锡主持重编工作，雍正三年(公元 1725 年)书成，改名《古今图书集成》，次年就以铜活字排印六十四部，样书一部，每部五千零二十册，分装五百二十二函。

《古今图书集成》全书共万卷，另有目录四十卷，内分六汇篇，三十二典，六千一百多部，总字数有一亿六千多万字。每部之下设汇考(引各种古书材料，考溯事物源流)、总论(主要摘录经书中有关事物的论述)、列传(辑录人物传记资料)、艺文(收录有关诗文词赋)、纪事(录有关琐细小事，补充汇考的不足)、外编(录神话传说及荒诞无稽的记述)等类，有的还附录图表。全书搜罗宏富，在三级类目又加复分，体例谨严而完备，是我国现存规模最大、收集资料最广的类书。

《古今图书集成》所收录的资料多是不加删节的整篇整段，

保存了大量原始资料，对后来辑佚、校勘有提供史源的作用。它汇聚专题比较集中，数量较多，往往可作研治某一专题的基本资料依据。它对资料出处、书名、作者等标注比较详明，可备查核原书。但是由于成书时间短，主事人员少，以致抄写脱漏、随意删节和收录欠广等不足之处，应在使用时有所注意。

《古今图书集成》之外，还有《佩文韵府》《渊鉴类函》《骈字类编》等等，都是便于检索，有利用价值的类书。

类书在保存和传递文化上有着重要作用。我们可以通过一部类书接触到更多的书，并且由于分类抄撮而便于省览。有时为查明一个典故的出处，类书又成为最好的检索工具。有的诗人墨客在吟诗作文时也常常从类书中采取词藻来为作品增色。但是，也应该注意类书因辗转相引而造成的讹误。因此必须认清类书只是按类抄纂的资料汇编，可以作查找资料的线索，尽可能去查找原书，如原书已佚，不得已才用它为依据。我们可以从类书中去辑录一些亡佚的古书，但切忌用类书的引文而乱改存世的古书。只有这样，才能正确地发挥类书的作用。

丛书

丛书是把若干种图书编集在一起的图书，它便于收藏和利用。最早使用“丛书”这一名称的是唐朝陆龟蒙的《笠泽丛书》，但它和后来总聚众书的体裁不合。它是陆龟蒙自编诗文集的书名，是表示自己的诗文“丛脞(cuǒ)细碎”的谦词，所以后世目录中把《笠泽丛书》列入集部别集类。宋人王楙(mào)撰有《野客丛书》三十卷，但它是王楙个人的考证杂著，徒有丛书之名而非丛书之实，所以后世的目录书把它列入子部小说家类。这两部使用丛书名义的书都不能算丛书的起源。

那么，丛书源起于何时呢？历来颇有争议，学者们各抒己见，主要有以下几种说法：

1. 近人汪辟疆认为总聚众书成为一书的便是丛书，所以诗、书等就是丛书的起源。姚名达也有类似的主张。把丛书的起源远推至上古，似乎太早，因为如《尚书》只是篇的集合，而不是书的汇聚，它经过自成体系的编制，成为一部独立的书，而不是群书之府，所以诗、书等不能视为丛书。

2.《四库全书总目》认为《隋书·经籍志》所载齐陆澄的《地理书》一百四十九卷和梁任昉的《地记》二百五十二卷是“丛书之祖”。《地理书》收录了自《山海经》以来一百六十家地理书,《地记》则为前书增了八十四家。从总聚群书意义上看,是符合丛书体例的,但它包括的只是地理一类,而不是多类,因此,这可以算是专科丛书之始,宋初的《开宝藏》应属于这类丛书。

3. 清朝蒙古族学者法式善认为宋人曾慥所编《类说》抄录了自《穆天子传》以来的二百五十种书,并有各作者的生平,应算作“丛书之祖”。《类说》虽是收录群书,但它以书为纲,并不全录原书,而是在各书之下又立词目,按词目分类选抄。所以《类说》不能算纯粹丛书,而是杂采丛书与类书两种体制糅为一书。清朝另一位学者叶名澧在所著《桥西杂记》的“丛书”条中同意此说。

4. 清代学者钱大昕认为宋人左禹锡所编《百川学海》荟萃古人书为一部,并加以新的命名,是丛书之始。《百川学海》是宋度宗咸淳九年(公元1273年)左圭所辑刊,分十集,共收书一百种,一百七十七卷,分为十集。所收以唐宋人著述为多,间有晋代和六朝的,曾被有些学者认为是“首尾完善”的丛书。因此,直到清光绪以前,《百川学海》是丛书之祖的说法几乎已为学术界所公认。事实上,这部书既汇聚众书,又不局限于专科,可以称为一部体例完整的综合性丛书。

5. 清光绪年间，目录学家缪荃孙发现了宋人俞鼎孙所编《儒学警悟》的明抄本，为世所罕见。《四库提要》没有著录此书。此书编成于宋宁宗嘉泰二年(公元 1202 年)，比《百川学海》早七十余年。《儒学警悟》共收书六种四十一卷，即汪应辰《石林燕语辨》十卷、程大昌《演繁露》六卷、马永卿《嬾真子录》五卷、程大昌《考古编》十卷、陈善《扪虱新话》上、下集八卷和俞成《萤窗丛说》两卷。此书既合为统一编卷次序，另加命名；又有各书独立分卷，具有汇聚群书的意义。各书撰者都是宋人，所著内容兼包子史，主要是宋代典章制度、故事传说和人物琐事等，均为全书照录。此书成书时间早于《百川学海》。于是，《儒学警悟》是我国最早的综合性丛书之说就相沿不改，成为比较一致的意见。此书经缪荃孙校雠于 1922 年由藏书家陶湘刊印行世。

根据这些不同说法，并结合实际考察，可以对丛书的起源作如下综括性描述：丛书之体始于齐梁，丛书之名始见于唐《笠泽丛书》，而今存最早的综合性丛书为宋的《儒学警悟》。

丛书虽起源较早，但真正名实相符而有显著发展却在明清两代，如明代有：

1. 包罗四部的巨编：如《汉魏丛书》《唐宋丛书》《格致丛书》及《宝颜堂秘笈》等。

2. 专门性质的丛书：如《子汇》《二十子》《古今逸史》和《五朝小说》等。

3. 地方性丛书：天启时海盐令樊维城辑历朝乡人著述四十一种、六十五卷而成《盐邑志林》，为地方性丛书的始创。

明朝虽然出现许多不同类型的丛书，但不少明代人擅改文字的恶习也沾染到丛书所收的图书内容，如《稗海》中所收宋叶梦得的《岩下放言》一书，经节录后易题为郑景生的《蒙斋笔谈》，使撰者与书名都面目全非。《宝颜堂秘笈》收王赫《野客丛书》三十卷，删削精要，减为十二卷。当然，有些丛书还保证了一定的质量，如毛晋汲古阁所刻行的《津逮秘书》。

丛书到了清代，可称达到兴盛时期，不仅类型齐全，而且内容也更精粹。清代刊行丛书的事业大抵清初开其端，乾嘉求其精，道咸增其类，晚清则专科丛书渐备。

清代丛书中专科与综合两方面都有显著的成就，专科性丛书按学科汇聚有关图书为一书而别标书名，如：

1. 经籍：《皇清经解》《通志堂经解》

2. 辑佚：《玉函山房辑佚书》《汉学堂丛书》

3. 考史：《广雅书局丛书》《史学丛书》

4. 舆地科技：《麓山精舍丛书》《则古昔斋算学丛书》

5. 词曲：《彊村丛书》

6. 目录：《玉简斋书目》

7. 版本:《士礼居丛书》

8. 校勘:《抱经堂丛书》

这些专科丛书由于编纂者多是藏书家、校勘学家或是某一专门学科的专家,所以大都质量较高,颇便学者使用;但包罗宏富,能跨越前代、驰名中外的当推至今存世的大型综合性丛书《四库全书》。

《四库全书》是清乾隆时期由政府组织编撰的一部大丛书。它创议于乾隆三十七年,次年二月成立了“四库全书馆”,选拔知名学者入馆,在全国范围内广泛征求图书,更从《永乐大典》中辑录遗书。《四库全书》共收书三千四百六十一种,七万九千三百零九卷,分装三万六千三百册。在开始编纂《四库全书》时,乾隆皇帝考虑到此丛书卷帙多,工程大,不易速成,便命令从全书中选择精华,另编一部《四库全书荟要》,共收书四百七十三种,一万九千九百三十卷,分装为一万一千二百五十一册。

在四库全书馆开馆不久,为了贮存《四库全书》,决定建立北四阁——紫禁城内的文渊阁、圆明园的文源阁、热河避暑山庄的文津阁和沈阳的文溯阁。乾隆三十九年至四十一年,文津、文源、文渊三阁相继建成,文溯阁也于四十七年建成。从四十四年至四十七年间又修建了江浙三阁——镇江金山寺的文宗阁、扬州大观堂的文汇阁和杭州西湖的文澜阁。南北七阁的建成和使用充实了东北、华北和东南地区的国家藏书，对保存和传播中国古代文化起到了重要作用。

与《四库全书》编纂同时开始的是全书的缮写工作，当时决定缮写八份《四库全书》和《四库全书荟要》两份。二者的总字数达八十多亿字。于是动用了三千多书手，经过十五年，终于在乾隆五十二年完成了缮写工作。《四库全书》八份分别贮存于七阁和翰林院；《荟要》两份一存内府御花园中的摛(chī)藻堂，一置圆明园中的昧腴书屋。

《四库全书》的编纂是清代前期由政府组织进行的一次空前规模的图书编纂活动。它对古代文化的保存和传播起到过重大的积极作用。它所采用的从《永乐大典》中辑佚和从民间征求遗书的活动，使《四库全书》的收书范围和图书质量超越前代，并使许多有极高文献价值的珍本秘籍呈现于社会，为后世学者研究古代政治、经济、科技、文化保存和提供了可贵的资料。《四库全书》的分散收藏，尤其是翰林院与江浙三阁的藏本向知识界开放，使学者有机会检读与使用，对推动乾嘉时期研究古代文化和整理古典文献热潮的兴起有着重要的作用，对中国传统文化的发扬与传递以及许多与整理文献相关的专门学科(目录、校勘、版本、考证、辑佚等)的兴起与建立都有一定的影响。

当然，清朝政府编纂《四库全书》的主要目的在于加强封建专制统治和民族压迫以及笼络和羁縻(jī mí)汉族知识分子，因此在求书、收书的范围与标准上都有很大的局限，几乎与收书量相等的三千多种图书遭到销毁的厄运；所收各书也有不少因触犯忌讳而被抽毁和窜改，加以书出众手，人员流品不齐，不负责任，致使该书的学术质量受到严重影响。即使为此，我们也应承认《四库全书》终究是对中国传统文化和古典文献进行全面清理和总结后的产物，它是中国丛书编纂事业中的一项主要成就。

民国以来，丛书刊刻门类繁多，数量可观，仅商务印书馆在1949年以前出版的古籍丛书就有四十三种之多。这些丛书的内容与范围都很广阔，有专科性与综合性的；有宋元以来的珍本秘笈和专家的精校原刻的；也有精印罕见和实用普及的。其中以近代出版家、文献学家张元济亲自参与辑印的《四部丛刊》《续古逸丛书》《百衲本二十四史》和《丛书集成》等四大丛书为著名。

《四部丛刊》是在1919年至1922年间完成辑印的一部大丛书。它汇聚四部书三百二十三种，八千五百四十八卷。1926年重印时，序称《四部丛刊初编》，抽换了二十一种版本，并对一些书增写了校勘记，种数仍旧，而卷数增至八千五百七十三卷。《初编》底本网罗海内外善本佳刻，内而宋元明清，外而高丽(朝鲜)、日本。1943年，又搜罗宋元精刻，印成《续编》，共收书八十一种，一千四百三十八卷。1936年续出《三编》，共收书七十三种，一千九百一十卷。这些珍本秘笈的刊印为校勘旧籍提供了极大方便。

《续古逸丛书》是继原由清人黎庶昌校刻的《古逸丛书》而辑印的。它一变前书的影刻为影印，而且还照原书版式大小影印，共收书四十七种。

《百衲本二十四史》开始于1930年，完成于1936年，分装八百二十册。它采用各种版本相互补缀而成，尽力恢复旧本原貌，以纠正殿本二十四史的缺乏，对史学研究作出了重大贡献。

《丛书集成初编》是1935年商务印馆编审部按张元济氏所定计划所辑印。它从数百部丛书中择优选取百部以集古今丛书大成。共收自宋至清的综合性丛书八十种，专业性丛书十二种，地方性丛书八种。张氏更亲撰《丛书百部提要》附于《丛书集成初编目录》，逐书分述各书源流、内容与价值。百部丛书中所含子书，约六千余种，剔重后存四千余种，大多重排断句。抗战前，实际出版三千余种。近年又发现未出版的纸型六百余种，即将完整地与读者见面。

在商务印书馆辑印《四部丛刊三编》后，中华书局又辑印了《四部备要》，收书三百三十六种，以仿宋字排印，它以实用为主而有别于《四部丛刊》的求罕见。

民国时期所刊行的《四部丛刊》《四部备要》和《丛书集成》三大丛书代表了当时编印丛书事业的发展水平，对研究和传递中国文化是一个重要贡献。

如上所述，丛书编纂事业历久不衰，但其总数尚难确切计算。清嘉庆时人顾修撰《汇刻书目》时收书二百六十一种；其后李之鼎撰《增订丛书举要》收书一千六百零五种；沈乾一所撰《丛书书目汇编》收书二千零八十六种。1959 年出版的《中国丛书综录》收书二千七百九十七种，尚不包括佛学、新学丛书在内。估计丛书的总量当在三千种左右。

丛书数量既如此巨大，而其内容收罗比较宏富，涉及门类又比较广泛，所以必然地具有重要的参考使用价值。首先，一部丛书之中往往汇聚多种图书，这就可以免去学者寻求的烦劳，尤其在当前单刻本流传日稀的时候，设能庋(guǐ)藏若干部丛书，比求取单刻以丰富收藏方便多多。其次，凡典章制度、地方文献、科技、文化、社会风情以至轶闻逸事等等方面资料，常常能从丛书中得到多种同类图书，对了解某一问题和搜求有关资料提供了便利。再次，丛书中所收善本精刻则可供校勘坊本讹谬的需用。当然也必须注意到有些丛书在辑印时往往为追求种数或使所包含的子书间保持平衡而有所删削，反不若单刻的佳好。我们只要善于明辨使用，那是比较容易趋益避弊的。

丛书有重要参考使用价值,但因为它包罗群书,所包含的子书名目很难显露,所以不便检取。清朝嘉庆时人顾修首先发现这一阻碍,于是辑宋元以来二百六十种丛书目,编成《汇刻书目》十册,这是第一部丛书子目,其后陈光照又续编两册、朱学勤有《汇刻书目》二十册。李之鼎所编《增订丛书举要》是集前此各编的大成,收书达一千六百零五种,所有这些子书都按分类排列。另有沈乾一辑的《丛书书目汇编》,收书二千零八十六种,改分类排列为书名字顺。但是,所有上述这些汇刊书目的一个共同缺点就是把子目列于丛书书名之后,只能用它检寻这部丛书收入多少书和收了什么书,而不能检寻某部书或某个人所著某书在哪部丛书中,使用非常不便。后来有人针对这种缺点各就所藏编制了子目索引,如 1930 年至 1935 年间,金岁瀛编制的《丛书子目索引》收书四百种,首创丛书子目索引,以丛书中子目为纲,下注著者及所属丛书名。清华大学图书馆编制的《丛书子目书名索引》收书一千二百七十五种,浙江图书馆编制的《丛书子目书名索引》收书四百六十九部,都是以丛书所包含的子目书名为纲,而附注所属丛书,从而使检用丛书中的子书感到方便。

1959 年出版的《中国丛书综录》吸取了旧时各种汇刻书目的长处并有所发展,成为检用丛书子目最佳工具书。这部综录集合了全国四十一个图书馆馆藏,共收书二千七百九十七种。

它共分三册:第一册是丛书书名的《总目分类目录》并附《全国四十一个主要图书馆收藏情况表》,可以反映所收丛书的内容及收藏处所;第二册为《子目分类目录》,计子目七万多条,三万八千八百九十一种,以子目为单位,按四部分类,部下析为类属,末附《别录》;第三册为《子目书名索引》和《子目著者索引》,使读者可从丛书名、子目书名、著作分类和著者姓名等任何方面检索所需图书。前此各种汇刻书目及子目索引基本上已可弃置不用了。

地方志

中国的古籍数量，从来没有比较准确的统计数字。古人常用“浩如烟海”“汗牛充栋”等词汇来形容它。近人曾用综合各类古书的大约估数来计算，少则六七万种，多则十五六万种，二者差距很大。如取二者的中数应该在十万种左右，而总汇地方文献的地方志据近期了解当近万种，不能不说是一座极为丰富的文献宝库，尤其对幅员辽阔的中国来说，地方文献的汇聚更为重要。

地方志是记载某一地区自然、历史、地理、社会、经济和文化纵横各方面的情况和资料的一种体裁。它综合地反映各地区情况，也是写史取材的资料来源。它的写法虽和史笔有所不同，但二者却是相辅相成，成为保存和传递祖国文化不可缺一的两个方面。

地方志的起源很早，但究竟源起何处，历来学者有着不同的说法，至今也不能指出一源来。《禹贡》《周官》《山海经》《越绝书》《吴越春秋》和《华阳国志》等古书都曾分别被学者们引为渊源，这许多观点都各有理由，却并不全面。因为一种体裁、一类图书在它的形成过程中，都是承受各方源泉，逐步丰富、发展、演化而成的。方志也并不例外，不能只有一源，而是在兼收国别史、地理书和地图等各种不同源泉的基础上，逐渐发展融合而成为一种能反映地区情况与特色的编纂体裁。不论是一源说，还是多源说，方志的起源可以推溯到战国时所写的《禹贡》这一记载江河流域的人文地理志算起，至今已有两千余年的历史。1973 年，马王堆出土的汉朝初年地形图、驻军图和城邑图，开启了后来有图有文的图经体的先声。东汉后期有《巴郡图经》，正式以图经命名，但主要侧重于记录地理情况。东汉袁康等人所撰《越绝书》，就记及地方的人事活动，兼有史和志的内容。魏晋以来，方志的编纂体制日渐完备，有图经、地记和专著。图经是一边有图，一边有文字说明，是当时反映地方情况的主要体裁，南北朝时期，出现了好几部图经，如南齐的《广陵郡图经》、北朝的《幽州图经》《冀州图经》和《齐州图经》，"图经"已是当时方志的通行名目了。地记是地理书汇编，当时数量不少，据《隋书·经籍志》载，齐陆澄合《山海经》以来一百六十家著作编为《地理书》一百四十九卷，梁任昉又增补八十四家成《地记》二百五十二卷。这两部书汇集了魏晋以前的地理书成绩，可以看出地方志编纂事业的发展轨迹。其他如常璩的《华阳国志》和宗懔的《荆楚岁时记》等都是魏晋六朝时的方志名作，前者综述四川情况，后者专记荆楚风俗，已开方志综合与专科的分野。隋唐时期，方志编纂工作受到政府的注意。隋炀帝大业年间，命令全国各地将当地风俗、物产和地图上报政府，这应是政府正式向各地征集地方文献的开始。从此，篇幅巨大的方志著作陆续出现。如《诸郡土俗物产》《区宇图志》和《诸州图经集》等书，都在百卷以上。这些地理总志篇帙之多，内容之丰，都是前代所未见，也为后世修志事业创立了规模，奠定了基础。唐代方志著作更多，如《括地志》五百五十卷和《元和郡县图志》四十卷，都是概括全国的总志。《元和郡县图志》是一部影响甚大的著名方志，它以唐宪宗时十道所属四十七节镇为纲，分镇记载府州县户口、沿革、山川、道里、贡赋和古迹等，卷首有附图，南宋时图亡，后世就相沿称为《元和郡县志》。唐代地方修志情况也较普遍，20世纪初在敦煌石室发现的唐修《沙州图经》和《西州图经》可证边远地区也已修志。《沙州图经》已残，但从残存部分看，文字简洁，叙事顺畅，除记载行政机构和区划外，还对天象、水泽、坛庙、城驿、祥瑞、歌谣等有所描述。这些图经的学术与史料价值很高，可惜被法人伯希和劫取，原件现存巴黎图书馆，我们却只能看到影印件。

宋代是编纂地方志有显著发展的朝代，根据一些目录的著录统计，宋代所修的志书大约在六百种左右，现在所能见到的只有三十种左右。宋代地方志的编纂体例大致定型，内容门类包含较广，长篇巨制相继出现，如《太平寰宇记》《舆地纪胜》《方舆胜览》等书不仅篇卷多，编纂体例也日益完备，如《太平寰宇记》在记载地理之外，又编入姓氏、人物、风俗等门类，详细地记录了人物的官爵、所撰诗词以及人事活动，极大地丰富了地方志的内容，并为后世地方志的编写体例树立了基本模式。宋朝还开始了地方志的续修制度，例为南宋从孝宗到度宗前后百多年间，南宋首都临安就曾三修临安志。在前后一百年的动乱年代，一地之志竟能重修三次，足见当时对修志工作的重视。元朝继续修志事业，而它所创修的《大元大一统志》工作，却开启了明、清二代一统志的编纂工作。

明朝修志相当普遍，仅现存明志就将近千种。明成祖永乐十年、十六年曾先后两次颁布修志条例，开始有了正式的官方修志法规，从中可以看出政府对修志工作的重视。清代的方志纂修事业形成了一种鼎盛局面，据一些粗略估计，清修方志达六千四百多种，占全国现存方志总数的百分之八十以上。如按清政府存在的时间核算，每年要完成二十部左右的新志。它上起全国的一统志和各省通志，下至府州县镇乡，旁及盐井、土司司所和分县等等，无不有志。其数量之多、层次之广，可称空前。官修地方志制度也逐渐完善，如康熙十一年曾诏各地分辑志书；雍正七年，为了编纂一统志，又严命各县修志；不久还明令规定各地六十年修志一次,这对推动地方志的编纂有重要的作用。清朝还有不少著名学者投身于修志工作,如谢启昆的《广西通志》、阮元的《广东通志》、章学诚的《永清县志》、洪亮吉的《泾县志》、李兆洛的《凤台县志》和王闿(kǎi)运的《湘潭县志》等。这就使若干种清修方志具有了较高的学术水平而成为人所称道的名志。与此同时,学术界还开展了对方志的性质、体例和规制等等问题的研究,为建立方志学理论进行了大量的先驱工作。

辛亥革命以后,修志事业虽不如清代之盛,但仍在继续。据统计,1912 年至 1933 年共修志三百七十种,有的省份数量还很可观,如河南省在 1949 年前共修志七十八部,平均每年两部;山东省在 1929 年至 1937 年间共修志八十四种,平均每年修十几部。方志学的专著也有多种问世,如李泰棻的《方志学》、王葆心的《方志学发微》、黎锦熙的《方志今议》和傅振伦的《中国方志学通论》等都对方志的体裁、源流和纂著方法进行了研究,把地方志的编纂事业更向前推进一步。

回顾两千多年方志编纂的历史,中国有大量的各种类型方志,如一统志、各省通志(总志)、府志、县志、厅志、卫志、乡志、里志、村志、镇志、关志、乡土志、小志等十几种。正式统计已有八千四百余种方志,近年来各地普查结果,实际已近万种,数量相当可观。从现存志书看,以县志为最多,府志居次。县志大概有五千四百多种，占现存方志总数的百分之六十五点二，府志约七百余种。如从卷数来看，也是县志最多，约七万余卷，占总卷数的百分之五十以上。如以地域而言，论种数四川居首，约六百七十余种。依次为江苏、河北、浙江、山东。论卷数则江苏第一，约十万卷，依次为浙江、江西、四川。同时在修志实践基础上，还开拓了方志学的研究领域。

这一大批地方志书是前人留给我们的丰富文化遗产。它们的价值究竟在哪里？

首先，这一大批地方志书几乎把中国这个地大物博国家的各个地区作了全面反映，保存和流传着大量足资征信的文献。这些文献记录着先民辛勤劳作和忘我搏击的业绩。它激励着我们爱国爱乡的真挚感情，它是我们民族和国家团结与统一的一种黏合剂。

其次，这一大批地方志书所保存的资料中有不少至今仍有值得继承和可备借鉴的参考价值，例如：

1. 历代方志的编修人员一般都注意发凡起例工作，所以各类志书中多有凡例序言，说明编写宗旨与纂修方法。这些体例虽然陈旧，但由于志书类型全、数量多，撰志者各有所见，篇目设计也多研讨。我们取其所长，略其所短，不仅对旧志翻检获取指南，也可为续编或新编志书提供依据。

2. 历代方志中保存的大量有关社会经济、风土人情、文化艺术方面的宝贵文献，延续时间长，涉及方面广，有些只能从当地采录而得，是比较原始的第一手资料。这些文献不仅可供了解某一地区的基本情况，而且往往从志书中得到线索，按图索骥有所发现，从而产生现实效益，如要了解南京丝织业历史，就可以从《上元县志》中索取大量资料，它不仅记录了当时丝织业的生产状况，而且还描述了生产组织和品种。又如人们根据《桐庐县志》记载，发现该县有个洞前村，按此线索终于在村后发现了瑶琳洞，洞内石笋林立，瀑泉飞泻，成为一个新兴的旅游胜地。日本一些学者曾利用《八闽通志》《霞浦县志》和沿海的几种县志，了解到中国东南海域一带的鱼类汛期活动规律，对获取鱼类资源起了重要作用。

3. 方志中有的文献可以解决悬而未决的疑难和纠正传闻之误。比如中国对外贸易机构市舶司的设置问题，日本学者藤田丰八郎根据《宋史》和《宋会要》对宋代是否在上海设有市舶司提出怀疑。但他忽略了他所依据的史料并不是宋代的全部史料，因为《宋会要》是南宋宁宗以前的史料，《宋史》虽是有宋一代的全史，但它所依据的主要史料《宋实录》于宁宗后史事多有缺略。所以科学地讲，南宋宁宗以前，宋代未在上海设市舶司，而宁宗以后则还不能轻下结论。最后这个问题借助于明弘治《上海县志》而得以解决。该志附载了宋度宗时管理市舶司的主管官员“监镇”董楷所写《古修堂记》和《受福事记》等两篇文章。这两篇文章写于南宋度宗咸淳五年(公元 1269 年),其中涉及到他管理上海市舶司的事务,肯定了宋度宗咸淳年间上海确曾设有市舶司的论断,从而祛除了对宋代是否在上海设过市舶司的悬疑。又如山东枣庄传闻有一种“咬人”的树,但检阅志书后,才发现这是一种高质产的珍贵漆树,否定了传闻之误。

4. 方志中的资料还可以填补某些知识空缺。如历史人物的生平问题,有些人在当时由于有卓著成就而流传下来,有些人则因其成就当时未被发现,致遭埋没而事迹不彰。这些人的生平材料往往可求之方志来补缺,如明人柳稷写过一篇与柳宗元的同名文章《封建论》,但遍查有关传记资料,生平不详,最后从四川《南充县志》中索得,不仅载有柳稷的生平,而且还收录他的诗文著述,填补了空缺。有些自然现象在旧方志中往往作为祥瑞、灾异来记载,那就需要以现在的科学知识来理解和认识。如极光问题,是对通讯、广播、空间探测、宇宙航行等有重要关系的天象,但旧方志中却视为灾祥。湖北《竹溪县志》对清同治元年八月十九日的极光现象作了如下的描述:“东北有星大如丹,色似炉铁,人不能仰视。初出则凄凄然,光芒闪烁,顷之,向北一泻数丈,欲坠复止,止辄动摇,直至半空,忽然银瓶下破,倾出万斛明珠,缤纷满天,五色具备,离地丈余没,没后犹觉余霞散采,屋瓦皆明。”陕西《大荔县志》、河北《东光县志》和湖北《光化县志》都记载了同治十一年一次极光现象。这些资料经过科学解释和论证便成为有参考价值的珍贵资料，为自然科学史的研究补了缺。

当然，这些旧时代的方志必然存在不少严重的缺陷。首先，它主要采取官修制度，所以肯定要给统治者以特殊地位。如皇帝的诏谕、诗文、言论都要独立成篇，置于卷首。其次，有不少宣传封建伦理纲常的内容，有时占有较多篇幅，难备采择。再次，由于编纂人员多是当地人士，或爱乡心切，或受人之托，所以往往出现不切实际的溢美之词，不足凭信。其他如体例混杂、仓促成书等等弊病都大大降低了旧志的参考价值。因此，我们对旧方志的利用还应采取审慎态度。

近几十年来，对于这一大批文化遗产的整理继承工作取得了显著成绩，如：

1.旧志重刊：有点校与影印重印两种不同情况。点校本是经过标点校订工作有利于读者使用的一种方式，据统计大约有二百余种，其中以陈明猷点校、宁夏人民出版社出版的《嘉靖宁夏新志》为佳，他不仅整理点校了本书，还对缺页部分根据弘治《宁夏新志》补入了相应内容，又写了评论性文章，给读者很大方便。影印重印是不作任何加工而按原本印行，据约计也有二百多种。台湾成文书局出版的《中国方志丛书》已按省区出三期一千四百余种，规模较大；江苏古籍出版社筹划出版的《中国地方志集成》将按类型分册出版，预计有千余种。

2. 目录的编制：主要有五种类型。一是联合目录，主要是1985年由中华书局出版的《中国地方志联合目录》，全书收录了一百八十余家藏书，记录了书名、作者、卷数、版本及收藏单位等情况，共收书八千四百多种；二是藏书目录，各地和各高等学校图书馆的收藏目录；三是地方目录，各省各地区分别编辑现存方志目录；四是海外访志而编的国外存志目录，如《日本见藏稀见中国地方志书录》；五是提要目录，如《浙江方志考》。所有这些目录都便于读者检用旧志。

3. 类编方志资料：方志中蕴藏资料量多面广，为其他图书所未及。《中国地震资料年表》是利用五千六百多种方志资料所编成，对地震科学提供了国际上唯一可靠而连续的参考资料。河南省地方史志编委会所编《河南土特产资料选编》收录了该省四百零七品种、分十类的历史资料，具有一定的经济价值。

挖掘、整理和利用这一大批丰富的文化遗产，使它发挥应有的效能，那就能更好地汇入到中华文化这支巨流中。它综合地反映中国各个地区的境域沿革、土地气候、山水园林、人物氏族、方言物产、地方工艺及民情风俗。中国有句古语说："入境问俗。"到一个地方想先了解该处的风土面貌，地方志便是一种最佳的读本。

地方志包含着社会的和自然的两大内容。它既可了解古往今来的沿革变迁、人事沧桑、又可借知东西纵横的山川物产、名胜古迹。它可以给人以对乡土可亲可爱的感受,树立起爱国主义思想的基点。它也可为经济建设提供资料依据,起到“求训致用”“鉴往知来”的作用。它更是全国各地区历史和现状的文献总聚,并且是祖国文化传递既往、留传后世的重要渠道。地方志无疑是使传统文化绵延不绝的一座不容忽视的文献宝库。

兄弟民族文献

从上古时期起，中国就是一个多民族的国家。远在传说时代，各民族的祖先就劳动、生息、繁衍在这块广袤的土地上。居住在黄河中游平原的是汉民族的祖先“华夏”族，居住在四周的是不同族类的少数民族。中华民族四千年的文明史，就是各族人民互相往来、交流、融合、同化，共同促进社会发展，创造繁荣文化的历史。

我国有五十六个民族，汉族人口最多，约占全国总人口的百分之九十一点九六，主要居住在黄河、长江、珠江三大流域和松辽平原。其他民族人口虽然只占全国人口的百分之八点零四左右，却居住着占祖国面积百分之五十至六十的土地。这些民族，人口百万以上的有十六个，最多的是壮族，约有一千两百万人，最少的是俄罗斯和赫哲族，仅有一两千人。

五十五个少数民族之中，除回族和部分满族、畲族使用汉语，其余的民族都有自己的语言，有的民族还由于历史和地域原因，使用着两种或两种以上的语言，如甘肃省的裕固族，在不同地区使用两种不同的裕固语，有一部分地区还使用汉语和藏语。因而，五十五个民族所使用的语言超过六十种。这些语言分属汉藏、阿尔泰、澳亚、马来、波利尼西亚和印欧五个语系。由于各民族社会发展的不平衡，迄止 1949 年前，有些民族还处于刻木结绳纪事阶段，也有一些民族有了自己的文字。据统计，1949 年前，共有二十一个民族使用着文字，其中十八个民族有自己的文字，这些民族分别是：蒙古、藏、维吾尔、朝鲜、哈萨克、锡伯、傣、乌孜别克、柯尔克孜、塔塔尔、俄罗斯、彝、纳西、苗、景颇、傈僳、拉祜、佤。有的民族还同时使用着几种文字，如傣族使用四种，蒙古族和纳西族都是两种，这些文字的体系，有比较原始的象形意义文字，有音节文字、字母文字。字母的形式，有藏文、朝鲜文、回鹘文、傣文、阿拉伯文、拉丁文、斯拉夫文等七种。使用汉语的满、回、畲族还同时使用着汉文。

新中国建立后，中央和有关民族地区都建立了少数民族语文的研究机构。先后对两种使用较广的傣文、四川凉山的彝文、云南的景颇文、拉祜文和新疆的维吾尔和哈萨克文进行了改革，并积极帮助壮、彝、布依、苗、侗、哈尼、傈僳、黎、佤和纳西等十个民族设计了拉丁化的文字方案。

保留至今的民族文献，大致包含了如下内容：1. 史诗，又可分为创世史诗和英雄史诗；2. 历史文献；3. 科技文献；4. 文学作品；5. 宗教文献；6. 一般文献，如文书、信牍、账目、课本、字书等。在拥有文字的各民族中，又以藏、蒙古、满、维吾尔、傣、彝、纳西诸民族保存的文献较多。

藏族，自古以来生活在平均海拔四千米的青藏高原上，现在主要分布在西藏自治区和青海、甘肃、四川、云南四省。古代称为西羌，公元7世纪前期，赞普(君长)松赞干布统一西藏建立吐蕃王朝。不久，由印度留学归来的吞米·桑布托等人根据藏语特点，参照梵文字母，创制了藏文并编写了语法书。一千三百多年来，一批又一批学者们，写下了大量有关历史、科技、文化、宗教、天文、历算、医药卫生的著作，积累了浩如烟海的文献资料。

在西藏的历史进程中，佛教居于重要以至支配地位，导致流传至今的藏文文献中，佛教典籍占了很大比重。藏传佛教是北传佛教的一支，其典籍来源为梵文和汉文佛典，其中尤以梵文佛典居多，与汉传佛教相比，藏传佛教更接近印度佛教。藏文大藏经的部数远远超过汉文大藏，明清时代多次刻印，其内容分为三类：甘珠尔、丹珠尔、松绷。“甘珠尔”原意为“佛语部”，相当于汉文大藏的经、律部分，共约一百余箧，一千余部；“丹珠尔”原意为“祖师部”或“论疏部”，相当于汉文大藏的论部，大约有二百多箧，三千多部；“松绷”是藏族僧人著作，数量各藏收录不等。由于西藏的文化基本掌握在僧侣手中，因而，无论是关于天文、历算、历史、地理、哲理、韵律、文学、医药的著作，还是小说、诗歌、戏剧、传记、故事、寓言等文学作品，其作者大多都是佛教僧人,这样,这些作品便都涂有厚厚的宗教色彩,也就不足为奇了。

在传世的藏族文献中,著名的历史著作如《巴协》《玛尼全集》《五部遗教》《西藏王统记》(亦名《藏王世系明鉴》)《西藏王臣记》《贤者喜宴》《青史》《红史》《宗派源流》;传记著作有《米拉日巴传》《马尔巴传》《日琼巴传》《汤东结布传》《颇罗鼐传》; 格言哲理诗著作有《迦萨格言》《甘丹格言》《水树格言》《国王修身论》;长篇小说有《旋努达美》《郑宛达瓦》;故事集有《米拉日巴道歌》以及传记史诗传说《文成公主》和世界最长的史诗《格萨尔王传》、六世达赖的作品《仓央嘉措情歌》、早期著作《西藏文法三十颂》、医学著作《四部医典》《晶珠本草》等,均早已脍炙人口、名闻遐迩,有的还被译成多种文字,在国内外出版,这些著作之中,又以《格萨尔王传》和《仓央嘉措情歌》最为著名。

《格萨尔王传》是一部长期流传于藏族民间的长篇说唱英雄史诗,大约产生于11至13世纪之间,藏语称《格萨尔钟》,意为《格萨尔故事》,主要是以民间艺人"钟恳"(意为"说唱格萨尔故事的人")的口头说唱形式在民间流传。这部史诗是由一个个相对独立的"说部"组成,每一个"说部"叙述一个格萨尔的故事或一段经历,据不完全统计,大约有近百个说部,初步估计有一百五十万诗行以上,字数超过一千万字,堪称世界第一史诗。

格萨尔原是天神的儿子, 观音菩萨看见人间妖魔当道,人民受尽残害，决定派格萨尔投生人间。格萨尔投胎岭国国王家中，生活曲折，从小受尽磨难，长大后抑强扶弱，降魔伏妖，除暴安民，反映了人民要求统一、安定、平等、富裕的心愿。《格萨尔王传》结构宏伟，人物刻画生动、形象，情节跌宕起伏，语言清新活泼，带有浓郁的民族气息，具有很高的思想和文学成就，曾被译成十多种文字，在国内外享有很高的声誉。

释迦牟尼在世时曾以说唱形式传教，这些说唱文字记录下来，就成了一篇篇诗歌。藏传佛教僧侣们继承了这个传统，很多高僧们都是诗坛高手，黄教创始人宗喀巴就有很多诗歌传世。在僧侣的诗歌之中，尤以六世达赖喇嘛仓央嘉措最为著名。由于仓央嘉措的诗歌大多是情诗，因而，就被译为《仓央嘉措情诗》。据统计，他的诗大约有七十多首。仓央嘉措的诗歌，猛烈地冲击了佛教的清规戒律，否定了佛教的出世思想，批判了佛教的禁欲主义，抨击了西藏的农奴制度，歌颂了坚贞的爱情。他的诗歌，对于恋爱时的心理状态描写得非常细腻，想象丰富，语言极为清新生动，艺术技巧成熟，具有鲜明的民族风格和浓郁的生活气息，自成一派，独创一格，在藏族人民中产生了广泛而深远的影响，因而，不仅在藏族文学史上占有重要地位，也是世界诗坛上的一朵奇花异葩。

蒙古族居住在辽阔的蒙古草原上，早在13世纪初，就有了自己的文字，最初的蒙古文字，是在回鹘文字母基础上创制的。

13世纪70年代，元世祖忽必烈即位后，命国师、西藏活佛八思巴根据藏文字母，创制了蒙古新字，俗称“八思巴文”，八思巴文创立后，旧文字被限制使用，元朝灭亡后，八思巴文逐渐被废弃。14世纪初，蒙古学者却吉·斡斯尔对最初的蒙古文字又进行了改革，成为至今通用的蒙古文字。一部分居住在新疆的蒙古族讲卫拉特方言，17世纪中，札雅·班第达在通用蒙古文字基础上，稍加改变，使卫拉特语音得以准确表达出来，被称为“陶德”(托忒)蒙古文。

古蒙文文献流传很少，只有少数写本、印文、碑铭和符牌；八思巴文除碑刻、印章、牌符之外，尚有《蒙古字韵》《百家姓》《迦萨格言》等的残页。

蒙古族是个非常重视历史的民族，在传世的文献中，历史著作很多。《蒙古秘史》(亦名《元朝秘史》)、《黄金史纲》(明末佚名作)和《蒙古源流》(亦名《宝贝史纲》)号称蒙古三大历史名著，是今天了解、研究蒙古历史的最权威著作，具有很高的史料价值。此外，《阿勒坦德卜特尔》(《金册》)、清代罗卜藏丹津的《黄金史纲》、无名氏的《古代蒙古诸汗源流大黄史》、近代罗布桑却惮的《蒙古风俗鉴》也都是有影响的历史著作。

豪放的蒙古族一向有“诗歌民族”之称。河套地区流传着这么一句话：“河套民歌牛毛多，唱了三年，唱了一支牛耳朵。”从一个侧面反映了蒙古诗歌之多。在蒙古诗歌中，很大部分是各地民歌，但更重要的是英雄史诗，其中著名的有《江格尔传》《格斯尔传》《嘎达梅林》等。《江格尔传》反映了阿拉特人民反对封建内讧，希望和平统一的愿望。《格斯尔传》最早是从藏族《格萨尔王传》翻译而来，经过蒙古民间艺人和热心人士的改造，使之蒙古化，并增加了很多篇章，成为地道的蒙古民间史诗。《嘎达梅林》是所有史诗中年代最近的一部，也最为悲壮，描写的是本世纪二三十年代之交蒙古人民在嘎达梅林率领下反抗军阀和封建王公出卖民族利益而进行武装斗争，最后全部壮烈牺牲的英勇事迹，是一部很有代表性的现实主义作品。在蒙古文学中占有重要地位的还有近代著名作家尹湛纳希所写的描写蒙古贵族家庭的章回小说《一层楼》《泣红亭》，以及继承其父遗稿、增删修饰而成、反映成吉思汗武装统一建立国家历史的《大元勃兴青史演义》。除此之外，明清两代，蒙古族学者还和其他民族学者一起编制了一些蒙语词典和对照词典，如《华夷译语》《心鉴》《蒙文旨要》《蒙文汇书》《蒙文晰义》《蒙文注解辞典》《蒙古托忒汇集》《蒙藏语汇》等。在蒙古族历史上还曾翻译过藏文大藏经，形成自己的蒙文大藏经，至今仍能见到刊本。

满族的祖先女真人曾建立过金朝，也有自己的女真文字。现在满族分布全国各地，以辽宁最多，满语属阿尔泰语系，满文是16世纪末借用蒙古文字创制而成。由于蒙、满语音有差别，蒙文字母不能全部表达满族语音，17世纪初又进行改革，在所借用的蒙文字母上加圈加点以示区别，世称“有圈点满文”或“新满文”，以前的被称为“无圈点满文”或“老满文”。17世纪中叶，满族入关，建立了清王朝，受环境影响，普遍习用汉语，加之大批汉人移居关外，东北地区的满族人也逐渐使用汉语，现在，除黑龙江某些边远地区少数老年人还继续使用满文外，其他地区的满族人一般都通用汉语了。

清代前期、中期，满文又称“国文”“清文”，是官方正式文书的两种文字之一，保留下来的文献，尤其是档案、碑铭极为丰富。《满文老档》《清太祖实录》、图理琛的《异域录》、敖拉常兴的《官便漫游记》等著作的价值人所周知，此外，还编有不少辞典，如富俊所著《三合便览》是一部满、汉、蒙三体对照辞典，官修的《五体清文鉴》是一部满、汉、蒙古、藏、维吾尔五种文字对照的分类辞典，收词两万余条，后附满文字母索引。

康乾时期，皇帝非常重视满、汉文化交流，组织人力翻译了大量的汉文著作。《四书五经》《三国演义》《西厢记》《红楼梦》《金瓶梅》等均有全译本，其中以扎克丹译的《聊斋志异》译文最为传神，评价极高。乾隆时期还将汉文大藏经译为满文，雕版发行，名为《国语译大藏经》。

维吾尔族主要居住在我国新疆地区，早年使用突厥文，8世纪左右，其先民回鹘人创立了回鹘文，在新疆地区流行了几百年，传世文献以佛经居多，还有许多文书、契约、字据及文学、医学、历法作品。后由于伊斯兰教的传入,使用阿拉伯字母的察合台文取代了回鹘文。察合台文又称老维吾尔文,从13世纪一直使用到近代,又逐步演化为现代阿拉伯字母的维吾尔文。

维吾尔族文学的内容相当丰富,如流传极广的"阿凡提的故事",以十分幽默、含蓄的语言嘲笑了那些欺压百姓的巴依(财主)们,很有教育意义。维吾尔族的书面文学以11世纪70年代著名诗人玉素甫·哈斯·哈吉甫的叙事训诲长诗《库大库比里克》(汉译《福乐智慧》)最为著名,在长诗中,他塑造了具有公正、幸福、智慧和安乐等高尚品德的四个人物,赋予他们以象征意义的名字,通过他们对人生和社会的议论,来指导人们如何取得幸福、智慧。寓意深刻,文字流畅,内容涉及社会各个方面,因而,不仅在维吾尔文学史上享有很高的声誉,同时也是研究古代回鹘社会的珍贵资料。在《福乐智慧》风格的影响下,维吾尔文学史上出现了不少优秀作品,如12世纪玉格拉契的《真理颂》,14世纪拉布胡则的抒情诗,15世纪鲁特菲的《花朵与元旦》,18世纪赫尔克提的《爱苦相依》,阿布都热依木、那札尔的《爱情长诗集》等均在维吾尔文学史上占有一定地位。

与《福乐智慧》同时代的马赫穆德·喀尔噶尔用阿拉伯文注解突厥语的《突厥语大词典》也是一部具有相当价值的著作,这是世界上第一部突厥语词典,收词范围很广,考释精确,带有百科全书性质,为我们今天了解和研究古代新疆和中亚地区使用突厥语的各民族的语言、文字、音乐、物产、文学等情况提供了极为详尽的资料。

傣族主要居住在我国的云南地区，早在八百多年前，傣族就有了自己的拼音文字，由于居住地域不同，傣文又分为傣那文(德宏)、傣泐文(西双版纳)、傣绷文(瑞丽、耿马、澜沧等地)和金平傣文四种，1949年后也进行了文字改革。

傣族人民在长期的历史发展中，创造了丰富多彩的文化艺术。傣族自己的历法、纪元始于公元638年，有推算日、月蚀的傣文典籍，有关于傣族历史的文献如《泐史》《咋雷蛇曼蛇勐》(即《谈寨神勐神的由来》)《傣泐西双奔》等，数量不多，还有内容丰富的诗歌、传说、故事、寓言、童话等文学作品，尤其是诗歌，是傣族文学的主要形式。据不完全统计，傣族流传至今的长篇叙事诗大约有五百多部，这在世界各民族中是极为突出的，比较著名的有《召树屯》《相勐》《布桑盖亚桑盖》《生产调》《宛纳帕丽》等等。

傣族还是一个十分信奉佛教的民族，与汉传佛教不同，傣族信奉的是属于南传的小乘佛教，其经典都是从巴利文翻译而来，写于贝叶之上。傣族的佛教典籍，号称有八万四千卷，可见数量之丰。

彝族主要生活在云南、贵州、四川三省，早先使用着一种音节文字，称为"爨文""韪书"或"罗罗文""倮文""毕摩文""西波文”，通称老彝文，大约形成于13世纪。由于老彝文的字形、读音不一，1949年后进行过规范和整理。

在传世的彝族文献中，成书于乾隆时期的《西南彝志》(原名《恩布散额》)，是记录彝族历史、风俗、民情及社会生活的具有百科全书性质的最全面的著作，全文达三十七万字。《宇宙人文论》是一部哲学著作，作者不详，二十八章，十多万字，以问答形式写成，内容涉及天地形式、万物生产及自然界和人体等各个方面，反映了彝族人民的自然观。现在可见到的还有流传于贵州毕节一带的彝族医药学专著《寻药找医》，流传于云南禄劝一带的医药专著《齐书苏》(意为“配药方的书”)。此外，用老彝文镌刻的碑铭也有不少，如云南武定的《风诏碑》、贵州大方的《千岁衢碑》。

流传于彝族民间的文学作品的形式也是多种多样的，有诗歌、故事、寓言、谚语、谜语等等，其中诗歌中又以创世史诗《勒布特依》、训世长诗《玛姆特依》、哭嫁歌《阿姆尼惹》、长篇叙事诗《阿细人的歌》《梅葛》《阿诗玛》最为著名，长期流传于彝族社会，尤其是《阿诗玛》，拍成电影后，更加家喻户晓。

纳西族主要居住在我国云南地区，早在一千多年前，纳西族人民已创造了象形表意文字“东巴文”和音节文字“哥巴文”。1957年，有关部门又帮助设计了拉丁字母形式的文字方案。

纳西族文献，以东巴文写成的居多。《东巴经》是东巴教的经书，篇幅很大，是东巴文化的核心，也是纳西族的百科全书，叙述了纳西族形成以来社会生活的各个方面，其中还有不少结构严谨、语言精练、生动活泼的历史故事，历史传说和优美的叙事长诗《创世纪》是其中最著名的一部。《东巴经》对研究纳西族的文学、历史、宗教有着极其重要的价值。除此之外，民间流传的许多作品，如《富家偷牛》《复仇》《逃婚调》等，有力地揭露了封建统治阶级的贪婪、残暴本性，歌颂了劳动人民反抗压迫的斗争精神，一般都具有语言朴素、清新、民族特色浓厚的特点。

在我们的民族大家庭中，虽然有很多民族没有文字，但是，伴随着他们民族形成、发展而产生的口碑资料、说唱文学，经过多少代人的加工、丰富，已成为中华民族文化宝藏的一部分，同样值得我们去挖掘。

现存于这些民族中的口头作品大多与说唱有关，因而，一般以诗歌形式出现，其内容主要由如下几个方面构成：有关于开天辟地、万物来源的神话，如各民族的《创世纪》《洪水记》《开天辟地歌》一类；有豪放悲壮的英雄史诗，如《钩日头》等；有歌颂男女坚贞不渝的爱情诗篇；有控诉阶级压迫、叙述劳动人民疾苦、向往幸福生活的叙事长诗以及更多的与日常生活有关的长短民歌等；此外，还有许多寓言、童话、故事、谚语等等。这些内容反映了他们对人类起源、祖先传说、万物来历的认识；反映了他们的历史、生活和文化的特点；表达了他们对丑恶鞭笞、对美好生活追求的愿望。

在这些民间传说和说唱文字之中，由于各民族的特点、经历、文化不同，表达方式也不完全一致。如赫哲族的“依玛坎”是一种不用乐器伴奏的说唱文学，说一段，唱一段，很长，而且押韵；“说胡力”是以讲授为主的民间故事，内容多样，短小活泼。苗族民歌发达，通俗易懂，一般是五言或七言体，大多只讲调而不押韵，篇幅长短不拘，有的只有几行，有的却长达一万五千行，短的用于抒情，长的用于叙事。高山族的传统民歌，朴素而鲜明地表达了人民的爱憎。内容有歌颂劳动、反映生产的歌，如《种稻歌》《捕鹿歌》；有歌颂祖先、歌颂斗争的历史民歌，如《颂祖歌》；有歌唱新婚、会饮等生活题材的民歌，如《贺新婚歌》《会饮歌》。高山族的神话传说，有关于人类来源与风俗的传说，如《高山族和汉族的来源》《纹面的起源》；有关于对敌斗争、生产劳动和自然现象的传说，如《抗日领袖摩那·罗达奥》《火种》；有关于动植物的传说，近于寓言、童话；有关于台湾与祖国大陆、高山族与汉族之间历史渊源的传说，如《猫鼻与鹅銮》《吴凤的传说》等。

在中国的历史上，还存在过一些曾在历史舞台上演出过许多雄壮剧目而现在已消亡的历史民族，这些民族，有些还建立过政权，如突厥族、契丹族、党项族等，都有自己的文字，并且通行一时。汉代以来，在西域一带还流行过诸如怯卢文、昆仑文、焉耆—龟兹文、于阗文等文字。这些文字，对于繁荣中国古代文明，曾起过很大作用，如中国佛教典籍翻译早期，典籍都是由西域各国文字佛经翻译而来。党项族建立的西夏王朝的正式文字——西夏文，创制于11世纪，西夏灭亡后还曾继续使用，元朝称为河西文，西夏人曾用这种文字刻印过佛教大藏经。由于这些民族已不复存在，年代久远，文字随之被淘汰，典籍也逐渐亡佚了，只能偶然见到一些零篇残简，然而，这些都是中华民族的优秀遗产，不应忽视，很值得我们去挖掘和利用，以繁荣我国的文化宝库。

《佛藏》与《道藏》

一、《佛藏》

《佛藏》，是佛教大藏经的简称。

大约在二千五百多年前，一个姓乔达摩、名悉达多的古印度小国的王子创立了至今成为世界三大宗教之一的佛教。由于他是释迦族人，因而，人们又尊称他为“释迦牟尼”，意思是“释迦族的圣人”。

佛教创立后，经过释迦牟尼及其弟子们的不懈努力，四处游化传教，终于使得佛教在全印度范围内流行起来。释迦牟尼逝世后，他的弟子又将佛教向更远的地方传播，慢慢地超出了印度的疆域，经过多少代人的努力，佛教的一支传到了东南亚，如缅甸、泰国、巴基斯坦和中国云南的傣族地区，这支被称为南传佛教；另一支则由西域的丝绸古道传进中国内地，进而传到日本、朝鲜，这是北传佛教。

大约是在一千九百多年前的两汉之际，佛教传进中国。公元 64 年，即东汉明帝永平七年，皇帝派了十二位使者前往西域访求佛法。三年后，他们连同两名印度僧人迦叶摩腾和竺法兰用白马驮着佛像和一部分经卷回到了首都洛阳，皇帝为他们盖起了中国第一所佛教寺院，供他们居住和翻译佛经，这就是洛阳名胜白马寺，他们翻译的佛经相传是《四十二章经》，为《阿含经》的选译本。

佛教最早在中国传播是师徒间的口耳相传，师父知道什么、读过什么、记得什么佛经，就传给徒弟什么佛经，早期的译经也是来华的西域僧人将他们记忆的佛经背诵出来，让人译成汉语，这样，中国的佛教徒们很难了解佛教的全部思想和教义，于是，一大批西行求法者和东行传法者承担了把佛教典籍介绍进中国的重任，他们不辞劳苦，历尽艰辛，将一部部佛教典籍带进中国。于是，中国佛教界开始了大规模翻译佛典的工作。由于早期佛经被带进来的很不系统，因而，翻译也就处于“值残出残，遇缺出缺”，碰到什么佛典就译什么佛典的阶段。随着时间的推移、佛教传播的深入和佛典的增加，译经活动得到了政府的支持，翻译也开始系统起来，经过鸠摩罗什、真谛、玄奘等一批高僧的辛勤努力，印度佛教的大部分典籍都被翻译介绍进中国。

东汉前期，中国已经有了正式出家的和尚，也有了专门修行的场所——寺庙。南北朝时，佛教在中国发展很快，“南朝四百八十寺，多少楼台烟雨中”，“天下名山僧占多”，信仰佛教者遍布社会各个阶层，上至皇帝，下到普通百姓，南朝的梁武帝就是一个十分典型的佞佛者，他曾多次舍身给庙里，然后又让大臣们集资将他赎出。佛教的传入，改变了中国人的观念，丰富了中国人的语言、艺术，充实了中国人的思想，开阔了中国人的眼界，深入到社会的各个角落，成为中国传统文化的重要组成部分之一。

翻译的佛典，大部分为各寺庙收藏，少量散留在民间，佛经翻译活动也大部分在各寺庙中进行。由于译经、抄经是获得功德、帮助修行的一个重要手段，因而，民间和寺院的抄经活动也很盛行，各寺院之间互相传抄，使得每个寺院都收藏了一定数量的佛经。寺院珍藏佛经，一方面便于僧侣们阅读、学习；另一方面也是一种功德。佛经越藏越多，给使用和管理都带来不便，于是，就专门有人整理各自寺庙的藏经，编成目录，这样，就形成了最初的手写大藏，最后，皇帝也加入了这个行列，陈代皇帝和隋文帝都不止一次地下诏，组织人抄写大藏，然后分发到各寺庙。

“大藏经”这个专门名词大约出现在南北朝末期。“藏”，梵文的读音是 pitaka，原意是一种可以装东西的竹箧，古印度的僧侣们常用它来装抄好的佛经，因而，“藏”“藏经”“大藏经”也就成了一切佛经的代名词。后来，僧侣们又将不同类的佛经分别存放，而佛教经书通常被分为经、律、论三类，于是，经、律、论三藏又成了佛教典籍分类的代称。

隋朝初年，一个名叫费长房的还俗和尚编了一本著名的佛经目录《历代三宝记》，在这个目录中第一次设置了一个新类目“入藏录”，收录的是经过挑选的译本比较好的、比较重要的佛典，再细分为经、律、论三类，目的是使以后人们收集佛典时有所依据。唐代所编的几部佛典目录，也大多有“入藏录”一类，收录的也都是翻译佛典，只不过在收录范围、部数、卷数上有所区别。此时，佛教传入中国已有好几百年，中国僧人为正确理解和阐释、宣传佛教撰写了大量著作，可一直没有得到佛教界的重视，被排斥在大藏之外。直到盛唐时长安一个名叫智昇的和尚在其根据所居住的崇福寺的藏经编成的目录《开元释教录》的“入藏录”中，方才正式将中国僧人的著作收入大藏，归入“圣贤传记录”中“此方撰述集传”类，第一次给予了中国僧人著作以应有的地位。

《开元释教录》中的“入藏录”，收录各种佛教典籍一千零七十六部，五千零四十八卷，分为四百八十帙，是根据长安崇福寺所藏大藏编成的，这只是当时社会存在的各种大藏经中的一种，由于智昇的这部目录考订精详，分类、著录、编排都很合理因而目录一编成就引起了社会的重视。一百一十多年后，唐武宗会昌年间，皇帝下令禁止佛教流行，拆毁寺庙，焚烧经书，并勒令僧尼还俗，这是中国历史上有名的“会昌废佛”，也是佛教在中国流传史上的最后一次大灾难，这次废佛的直接后果使得全国绝大部分地区的佛典焚毁殆尽。废佛浪潮过后，佛教又逐渐抬头，各地寺庙基本上都以《开元释教录·入藏录》为依据来检查、恢复本地、本寺藏经，结果使得智昇这部目录成为全国大藏经的标准目录，导致全国的大藏经体系趋于统一。晚唐、五代时期各地写造大藏经也都以此为根据。

公元七八世纪间，勤劳、智慧的中国人民发明了雕版印刷术，在早期阶段，单篇佛经占了很大比重，现存世界上最早的雕版印刷物即是唐懿宗"咸通九年(公元 868 年)四月十五日王玠为二亲敬造普施"的《金刚经》。宋太祖开宝四年，刚刚建立十一年的政权还没有最后稳定，宋太祖就命宦官高品和张从信去当时雕版印刷的中心益州(今四川成都)主持雕刻全部大藏，历时十二年，直到宋太宗太平兴国八年方告完成，共雕成经版十三万块，完全按照《开元释教录·入藏经》，共刻印佛经一千零七十六部，五千零四十八卷，按《千字文》顺序排列，每字十卷左右，由"天"至"英"，共四百八十帙。刻成后运回首都东京汴梁(今河南开封)印刷，印成分发各大寺院和外国佛教使团保存，这是中国历史上第一次雕印的大藏经。大藏经的命名，通常根据一些较为明显的外在特征，如开雕时代、刻印地点、刻印朝代、发现地点等，此藏由于是宋太祖开宝年间开雕的，故而又称为《开宝藏》。《开宝藏》的雕成，在中国佛教流传史上是一件划时代的事，它标志着中国佛教体系的形成，标志着中国佛教的成熟。

佛教有关教义认为，抄写、刻印佛经，建寺庙、修佛像能使人增加或获得某种功德，其中尤以刻印全部大藏为最大，因此，历代抄经、刻经之举，史不绝书。据统计，《开宝藏》之后，历代官私雕刻大藏之举，达二十余次。宋代即有六次，除《开宝藏》之外，其余五部《崇宁藏》《毗卢藏》《圆觉藏》《资福藏》《碛砂藏》均为私刻，这些私刻大藏基本上都以《开宝藏》为蓝本，只在版式、装帧、编排等方面略作调整并增加了一部分后出佛典。

与宋朝同时期的辽代、西夏、金也都各自刻了大藏。辽代为官刻，通称《辽藏》或《契丹藏》，是以《开宝藏》为基础略加增刻而成，西夏所刻大藏情况不明。金代刻藏是一位名叫崔法珍的妇女募资于山西解州开雕的，理应称作《解州金藏》，可由于此藏是 1932 年在山西赵城广胜寺发现的，因而被称为《赵城金藏》。这是国内保存最完整的一部大藏，也是现存大藏中最接近《开宝藏》的。同时代的其余各藏或已凋残，只余零星散本；或见诸日本，不存于大陆。

元朝皇帝十分信奉佛教，据史书记载，曾多次雕刻大藏，还曾将汉文大藏经与藏文大藏经进行校勘，编成了一部有名的目录《至元法宝勘同总录》。元代刻藏，现在能够见到并得到确认的有两部，均为元世祖忽必烈时代所刻，一为官刻的《弘法藏》，一为私刻的《普宁藏》，这两部大藏中，都增加了密宗的佛经，这是以前所刻的各部大藏都不具备的。

明代的建立者朱元璋是和尚出身，因而，建国后佛教地位较高。明代共刻有六部大藏，其中三部为官刻，这在历朝历代是没有过的。明朝刚刚建立五年，皇帝就敕令于金陵(今江苏南京)蒋山寺开始点校大藏，至洪武三十一年刻成，这就是《洪武南藏》。十年之后，蒋山寺失火，版片均被焚毁，由于此藏存在时间短，永乐年间也曾在南京刻藏，因而，一般人总容易将《洪武南藏》与《永乐南藏》混淆。《洪武南藏》的传本直到1934年于四川崇庆的上古寺中被发现，这一历史误会方才得到澄清。永乐十年，明成祖下令在南京开雕大藏，历时五年完成，此藏基本为《洪武南藏》的重刻本，世称《永乐南藏》《南藏》，但质量不如《洪武南藏》。永乐十九年，明成祖又令在北京雕刻大藏，直到二十多年后的明英宗正统五年方始刻成，以后陆续略有增加，此藏即为《永乐北藏》，亦称《北藏》。永乐年间所刻的南、北二藏，由于均多次印刷，分赐各大寺庙，在传世的各大藏中，以此二藏为最多。两藏收录佛经的部卷数、版式等都不相同，《北藏》优于《南藏》。永乐年间，又有私人刊刻大藏于杭州，世称《武林藏》。明末清初，民间又募资捐刻了两部大藏，一部为《万历藏》，一部为《嘉兴藏》(又称《径山藏》)。其中《嘉兴藏》分为“正藏”“续藏”“又续藏”三部分，共收录佛典二千零九十部，一万二千六百余卷，是所有汉文大藏经中分量最大的一部。

清雍正十一年，在北京贤良寺设立藏经馆，十三年正式开雕大藏，至乾隆三年完成，世称《龙藏》《清藏》，刻成之后曾印刷百余部分赐全国各大寺院。这部大藏共雕刻经版七万九千零三十六块，至今基本完好，是历代雕藏中唯一留存的经版，近年来文物出版社正在重新印刷出版。

清代末年，上海哈同花园女主人罗迦陵在著名僧人宗仰协助下，主持排印了《频伽精舍校刊大藏经》(简称《频伽藏》)，至民国二年全部印完，共收经书一千九百一十六部，八千四百一十六卷，线装四百一十三册。1943 年，上海成立《普慧大藏经》刊印会，计划网罗南传、北传所有佛典，编印一部全新的大藏经，不知由于什么原因，最后只出版了一百册，未能按原计划完成，这就是《普藏经》，由于未能完成，故而影响不大，知道者不多。

新中国建立后，党和政府实行了宗教信仰自由的政策。

1982 年，国务院批准成立《中华大藏经》编辑局，由任继愈教授负责，计划编制汉文、藏文和我国现存各种文字的大藏经，由中华书局出版。汉文部分打算分成三编，第一编以《赵城金藏》为底本，按《赵城金藏》的目录体系影印；缺失部分用《房山石经》等十二种中外大藏补上，共收录佛经两千余部，一万余卷。第二编收录《房山石经》等七部大藏中无《千字文》编号的佛经，约有两千多种，一万三千余卷。第一、二编所收佛典总数，可以达到四千二百余种，两万三千余卷，预计分印成二百二十册，将成为中国历史上最大的一部丛书。第三编为历代大藏中未收的佛典,如敦煌遗书中的及晚清至民国佛教徒的代表译著。

中国佛教属于北传佛教,使用的经典是汉文大藏经,同属于北传系统,由中国传去的日本、朝鲜、越南也同样使用汉文大藏经。历史上,这些国家与中国各王朝往来最多,每部大藏雕成,均有机会得到,同时,这些国家也都雕印了自己的汉文大藏经。越南雕藏情况不明,朝鲜于11世纪和13世纪曾以北宋《开宝藏》为底本刻了两部大藏,被称为《初刻高丽藏》和《再刻高丽藏》;根据现有材料,日本一共刻过七部大藏,依次为:《弘安藏》《天海藏》(亦名《宽永寺藏》《东山藏》)《黄檗藏》(亦名《天眼藏》)《弘教藏》(亦名《缩刷藏》)《卍字藏》《卍字续藏》《大正藏》。其中尤以《大正藏》质量最高、影响最大,是当前世界上使用最多的汉文大藏经。

汉文大藏经除了早期手抄、宋以后雕印等形式之外,还有一种石刻形式。最著名的是始刻于隋炀帝大业年间,历时千余年,至明末方始告成的《房山云居寺石经》。据20世纪50年代末中国佛教协会的发掘、清点,共刻石一万五千余块,刻经一千余部,三千四百余卷。

在汉文大藏之外,北传佛教还存在着藏文大藏经、蒙文大藏经、满文大藏经、西夏文大藏经。其中又以藏文大藏经最为重要,藏传佛教是北传佛教的分支,它的主要经典大多是直接从梵文译来，与汉文大藏经体系有很大不同，更多保留了印度佛教的原貌。蒙文大藏经是元朝所刻，基本译自藏文大藏。满文大藏经为清代所刻，主要译自汉文大藏。西夏文大藏经的材料不详。

佛教除由汉传、藏传所组成的北传之外，还有传播于东南亚和我国云南一带的南传一支，南传佛教的大藏是巴利文大藏。巴利文大藏已被译成多种文字。我国西双版纳地区流传的佛教典籍大多是用傣文刻写于贝多罗树叶之上，形成傣文大藏经，号称八万四千卷。

二、《道藏》

《道藏》，是道教经书的总集和统称。

道教与佛教不同，是根植于中华民族土壤之上的传统宗教，正式形成于东汉后期，其来源和特征非常复杂。它崇老子为教主，奉《道德经》为主要经典，以先秦时期道家、阴阳五行和汉代谶纬学说中神秘主义成分为理论基础，以鬼神崇拜、神仙信仰为标志，追求肉体长生不老，白日飞升登仙，相信通过祭祀醮仪和符咒可以祈福免灾，继承了古代巫术的占星、解梦、降神、招魂、预言、祈雨、医病等职能与手段，同时，还糅进了古代农民的诸如“太平”“平均”的社会理想和要求，在一千多年的发展历程中，又借鉴了很多佛教的内容。道教本身的复杂和多样，导致了经典内容的纷杂。现存的道教典籍约有两千余种，大部分收录在明代所刻的《道藏》之中。

由于道教徒们的最终目标是长生不老、羽化登仙，因而，在道教文献中，存在着大量这种尝试的记载，其中“外丹术”可以说是中国近代化学的发端，四大发明之一的黑色火药就是这种尝试的副产品，“内丹术”“房中术”则包含了大量生理学、医学、体育运动的资料，此外，道教的壁画、造像、建筑等技艺，丰富了中国的艺术宝库，道教的教义也深入到整个哲学、文学和社会生活之中。道教、佛教，再加上儒家思想，是中国封建统治者的精神支柱，构成了中国传统文化的主要部分。

早在两千年前的西汉成帝时期，方士齐人甘忠可利用当时的谶纬之学盛行，编造了《天官历》《包元太平经》十二卷献给皇帝，并在社会上传播可使国家致太平之道的原始太平道，这就是道教的前身。不久，传教被禁止，甘忠可自己也被杀头，后来，其弟子夏贺良也被继位皇帝汉哀帝所杀，原始太平道只能在民间秘密流传。一百多年后的东汉顺帝年间，方士于(干)吉利用当时社会动荡，人民迫切希望摆脱贫困和灾难、重新过上安定日子的强烈愿望，广泛传播太平道，并根据旧有典籍，集成《太平青领书》一百七十卷，此书即是道教最早经典《太平经》。与此同时，沛人张道陵在四川鹄鸣山中创立了五斗米教，健全了经典、醮仪、规戒，组织了庞大的宗教组织。东汉末年，其孙张鲁利用这股势力在巴蜀汉中一带建立了政教合一的政权，割据一方达三十年之久。河北钜鹿人张角也利用太平道,组织发动了导致东汉王朝灭亡的黄巾起义。至此,道教正式形成。

五斗米教在魏晋南北朝时期非常流行，上至王公贵族,下到平民百姓。然而,这种原始道教中存在着一些不符合统治阶级利益的内容,于是,一些出身贵族的道教信徒们就着手改造原始道教,其中最成功者是东晋时代的葛洪,其所著的《抱朴子·内篇》,完善了道教的神仙体系,是一部重要的道教文献,其后,又经寇谦之、陆修静、陶弘景等人的不断完善,使得道教体系越来越系统、完整。

两晋时期，随着道教的日渐成熟和佛教典籍大量翻译的刺激,道教徒们编造了大量道经,并将先秦、两汉时期一些道家、阴阳家的著述也作为道经收录。葛洪在其《抱朴子·内篇·遐览篇第十九》中记录了其师郑隐所藏道书、符、图二百六十种,一千二百九十八卷。其后,道教中又出现了以造作道书为首务的经箓派。刘宋明帝太始七年,著名道士陆修静在传道之余,奉敕广收新旧道书,加以甄别、整理、编成《三洞经书目录》,共收有各种道书一千二百二十八卷,分为洞真、洞玄、洞神三类。道书的体系化由此而始,奠定了日后《道藏》的初步基础。陆修静之后,整理道书者代不乏人,至唐代止,共编有各种道书目录十多部，道书的数量也由刘宋时的一千多卷增加到盛唐时的七千余卷。

唐朝是道教最盛的时代，皇帝尊老子为自己的祖先。玄宗在东、西两京设置经史子集四库收藏儒家典籍的同时，也将佛、道经典单独收藏。先天年间，玄宗敕太清观主史崇玄等仿佛教《一切经音义》例，修成《一切道经音义》。开元年间，又遣使搜访道经，由道士张仙庭负责编辑成藏，名为《三洞琼纲》(亦名《琼纲经目》)，这是中国历史上道经的第一次结藏，可以称作《开元道藏》，所收经数后代记录不一，有三千七百四十四卷、五千七百卷、七千三百卷诸说。天宝七年，又下诏令崇玄馆缮写分送诸道采访使，再由诸道转抄，以广流布。

此藏纂成不久，"安史之乱"爆发，两京图书，大部焚毁。"安史之乱"之后，唐政府多次搜求道书，然未成藏。唐末杜光庭、五代钱傲分别在四川、浙江重建道藏。

宋代建国后，曾有五次修藏之举，第一次是太宗时期，搜求道书达七千余卷，命徐铉、王禹偁进行校勘，删去重复，得三千七百三十七卷。第二、三次是真宗大中祥符年间，一次由宰臣王钦若总领，在徐铉校勘的基础上重新整理，得道书四千三百五十九卷，分为七类，抄成目录献给皇帝，赐名《宝文统录》。由于编排不太合理，不久，王钦若推荐张君房主持重修，费时七年，共收录道书四千五百六十五卷，以《千字文》为函号，起于"天"，止于"宫"，共六百六十六函，题为《大宋天宫宝藏》。张君房又采撷《天宫宝藏》中精华，编成《云笈七签》一百二十卷，这是一部分类编排的道教类书，俗称“小道藏”，对后世影响很大。第四、五两次均在徽宗时期，一次是崇宁年间，下诏搜访道书，命道士刘道元等校定，《道藏》增至五千三百八十七卷。另一次是政和年间，又一次下诏访求道教仙经，设经局详加校定后，送福建闽县镂版，然后运回东京印刷，全藏共收道书五千四百八十一卷，分装五百四十函，世称《政和道藏》，由于刻于万寿观中，因而又称《万寿道藏》。这是中国历史上第一次雕刻全藏，从此，道藏也有了正式刊本。《万寿道藏》刻成不久，金兵南下，版片被掠，印本大部毁于战火。南宋孝宗淳熙年间，曾抄录南方所存的《万寿道藏》多套，赐名《琼章宝藏》，分赐有关道观。

金兵南下，掠得大部《万寿道藏》经版，存中都(今北京)十方大天长观。章宗明昌元年，命孙明道补刊成藏，为《大金玄都宝藏》，共收录道书六千四百五十五卷。数年后，贮藏经版的天长观发生火灾，经版被焚。金朝末年，各地所存道藏大都毁于战火。

元初，道士宋德方根据管州所存《金藏》，重新整理，并将全真派经书也纳入，刊刻了一部道藏，称为《玄都道藏》，共收录道书七千八百余卷。宪宗、世祖朝，先后两次下诏焚毁道书，《玄都道藏》经版被焚，各地所藏《道藏》大部被焚，劫余道书也大多毁于元末兵燹。

明成祖即位之初，就敕令第四十三代天师张宇初重修《道藏》,张宇初去世后,又命四十四代天师张宇清继续主持,直到英宗正统年间方才编定，英宗又命通妙真人邵以正督校刊刻,正统十年刻成,为《正统道藏》,共收书一千四百二十六种,五千三百零五卷,分装四百八十函,按三洞、四辅、十二类分类编排,以《千字文》为函号,印成多部,分赐各大名山道观珍藏,神宗万历年间,又敕五十代天师张国祥续补《道藏》,补充道书五十种,一百八十卷,分装三十二函,为《万历续道藏》。正、续《道藏》共收道书一千四百七十六种,五千四百八十五卷,分装五百一十二函。熹宗天启六年,北京白云观道士白云霁据此作《道藏子目详注》,以为读藏指南。

清康熙年间,进士彭定求精选《道藏》中一部分,加上明末、清初新出道书一百一十四种,编成《道藏辑要》,共收道书二百八十三种,分为二十八集。

1923 年至 1926 年，上海涵芬楼将北京白云观所藏明代正续《道藏》缩小版面,影印出版。1948 年,上海诂林精舍又印行了守一子编的《道藏精华录》,收入道书一百种,其中一部分为《道藏》外道经,今人肖天石亦辑有《道藏精华》十七集,收录道书六百余种,以新增道书为多。

1977 年,台湾艺文印书馆和新文丰出版公司分别影印了涵芬楼本《道藏》;1986 年,日本亦影印了《道藏》;1988 年,文物出版社、上海书店、天津古籍出版社联合影印了涵芬楼本《道藏》,

并进行了校定。

近年来，著名学者胡道静领衔主编，中国、日本、法国等地数十位专家组成的编委会经过多年努力，全面收录明清及民国时期所出现的道教经典著作，兼收一部分古遗道经和流失海外的道教经卷，紧承明正统《道藏》和万历《续道藏》编成新时代的道教丛书《藏外道书》。根据收书内容，分为十类：1. 古遗道书类；2. 经典类；3. 教义教理类；4. 摄养类；5. 戒律善书类；6. 仪范类；7. 神仙传记类；8. 宫观地志类；9. 文艺类；10. 目录类及附录。《藏外道书》的编辑出版，为中国道教文献明清段的整理填补了空白，为研究明清道教和明清社会思潮史提供了极为宝贵的资料。

本世纪初敦煌文书的发现，其中有大量唐、五代人手抄道书为历代《道藏》所未收，惜今大部藏于英国大不列颠博物馆和法国国家图书馆，我们只能看胶片而不能睹原件。

道经中类书除《云笈七签》之外，尚有北周时《无上秘要》一百卷(今存六十七卷)，这是最早的道教类书，引道经三百一十多种，皆为六朝末古道经，今大部已不存。此外，尚有唐人《道教义枢》十卷、《三洞珠囊》十卷、《上清道类事项》四卷等等。

后记

为了说明中国传统文化的保存、流传，在这套丛书中专立了《书之传承》，意在从图书发展角度说明传统文化的薪火传递。本书分上下两篇：上篇，从图书产生前的口传纪事和图书产生后的简帛纸书说到图书的收藏、分类与流通等环节，以使人们了解中国传统文化传递的一条主渠道；下篇，从启蒙读物和经史子集说到类书、丛书、方志、佛藏、道藏以及兄弟民族文献，以使人们了解中国传统文化的几个主要汇聚点。

这套丛书是为普及知识而作，所以我想尽量写得通俗些，但由于本书的内容人们比较生疏，加之我又缺乏这方面的写作经验，虽经努力，仍不免有生涩之处；而且由于篇幅限制，只能凭自己的主观设想，有选择地写这些内容，希望能给读者一个轮廓性的了解，但是否能达到或接近这一要求，则有待于广大读者的评论。

来新夏

2013年3月19日